KB190743

에 덴 의 발 견

성경과 고대 문명 속에 새겨진

에 덴 의 발 견

김 남 철

BARA

지은이 소개

　저자 김남철은 한국인 최초의 에덴탐험 연구가로서 총회신학대학(총신대학 BA)을 졸업한 후 영국 정부의 종교교육연구소(R.E. Reserch Center)가 있는 Westhill 대학, Selly Oak Seminary, Birmingham Univ.대학원(Dip.RE.)의 공동 연합학위 과정을 우수한 성적으로 졸업했다. 교육 경력자를 대상으로 한 과정에서 고고학 유물을 통한 성경교육의 효율적 교수 방법론을 소개한 논문이 케임브리지 대학 종교교육학 교수로부터 상당히 긍정적인 평가를 받았고 그 후 필자는 성경 창세기로부터 계시록까지 성경을 증거 설명해주는 역사 고고학 자료와 유물들을 수집 정리하기 시작하였다. 성경의 무대가 되는 메소포타미아와 주변 지역들에 관한 연구 조사를 위해 30여 년간 근동 세계의 수많은 유적지들을 탐방 조사하였고 그와 관련하여 세계 수십여 개의 박물관과 대학 연구소들을 통해 수집된 자료들을 토대로 태안에 <성경n메소포타미아 유물관 BARA>를 세웠다. 그리고 로고스 에클레시아 성도들과 함께 유물관을 통하여 성경말씀의 역사적 증거와 인류 문명사에 미친 영향들에 대해 전하여 왔다. 특별히 에덴은 사실이 아닌 동화이야기 같은 것이라는 한 기독 TV 방송의 잘못된 가르침에 큰 도전을 받아 에덴의 위치와 그 흔적들을 고고학적, 문명사적, 지리 지질학적 조사 연구를 통해 상세히 밝히고 그 자료들을 BARA 유물관에 전시하고 있다. 또한 네팔 히말라야의 안나푸르나를 찾아오는 세계인들에게 고대 문명과 신화 종교들의 뿌리가 되는 에덴과 성경관련 역사 고고학 자료들을 전시하여 구도에 도움이 되도록 하고 있다. 히말라야에 로고스 아카데미와 쉼터 유물관을 운영하고 있다. 히말라야 L'abri를 꿈꾸고 있다. 총신신대원, 수도침신목회대학원, 연세대 연합신학대학원(Th.M)에서 신학과 종교교육을 전공했으며 서울기독대학 신학전문대학원에서 신학박사(Th.D, 구약학) 학위를 취득했다. 캠퍼스 선교에 헌신하였으며 안양대학교와 총신대학교, 서울기독대학 신학대학원, CTS 에서 강의를 했다. 여러 나라 교육기관 선교단체 선교사들과 교역자들을 위한 강연과 특별 세미나를 인도하고 있다. 저서로는 <성경의 눈으로 본 신화와 고고학 이야기> (솔로몬 출판사,1996), <유대인의 신앙교육: 그 우수성은 무엇일까?> (국제문화사, 1998), <성경을 증거하는 메소포타미아의 신화와 유물이야기> (쿰란출판사, 2012), 에덴의 발견(BARA, 2017), Eden and Mesopotamia (BARA, 2021)가 있다. (전)총신대학 객원교수, (재)성경n메소포타미아 유물관 대표이사 직을 맡고 있다.
E-mail: menorah7@naver.com

Terrestrial Eden 증보판

성경과 고대 문명 속에 새겨진

에덴의 발견

Dr. 김 남 철

BARA

그림 설명: 마리 왕 Zimri-Lim의 취임식 벽화, 18th century BC, 왕이 한 여신의 안내를 받으며 주신으로부터 왕권을 받고 있다. 그는 함의 후손인 아모리족의 왕조로서 벽화 속에 성경적 에덴의 특징들을 골고루 묘사하고 있다. 루브르 박물관 소장 (그림 스케치 안미자)

추 천 사

조종남 박사

성경에는 인간을 향한 하나님의 사랑과 구원의 사건들이 기록되어 있다. 에덴에서부터 시작된 인간을 향한 하나님의 사랑과 축복은 실낙원 후에도 계속되어 마지막 날에는 새 하늘과 새 땅, 곧 영원한 낙원을 회복시켜 주실 것이다.

최초의 에덴은 인류의 시작이며 요람이었다. 그러나 하나님을 떠난 인간의 장구한 역사 속에서 어느덧 에덴 이야기는 한 편의 신화처럼 변질되었고, 사실과는 거리가 먼 허상의 장소로 전락해 버리는 경우가 너무나 많았다. 그리고 그 여파 속에서 성경의 다른 사건들도 신화적인 이야기들처럼 왜곡되기 시작해왔다.

그런데 이러한 안타까운 시대적 흐름 속에서 에덴의 땅(Terrestrial Eden)을 찾아 나선 이가 바로 김남철 목사이다. 무모해 보이기도 하고 어리석은 일이라고 비난받을 수도 있는 일에 그는 용감하게 도전한 것이다. 이제까지 서구의 몇몇 사람만이 시도했던 에덴의 탐사를 한국인으로서는 최초로 도전장을 내고 이 분야에 대한 연구와 조사에 착수했으니 큰 도전이라고 할 수 있다.

이 책은 바로 그의 탐구와 연구 결과의 결실이다. 이에 본서가 갖는 의미가 크다고 생각한다. 본서는 단순한 상상이나 추리가 아니라 성경의 내용과 고대 언어들을 세밀하게 분석하면서 고고학적, 문명사적, 지질학적 그리고 지리적 자료들을 증거로 제시하는 논리적인 접근 방식을 채택하고 있다. 특별히 인류초기의 사람들이 남긴 기호와 문양들 그리고 수메르 초기 상형문자들 속에 담긴 에덴의 이미지를 찾아 나선 것은 이제까지 그

누구도 시도해보지 못한 독보적 연구의 시작이어서 높이 평가받을만 하다.

이제까지 에덴을 발표했던 몇몇 책들은 대개 메소포타미아의 자료들을 근거로 하였기 때문에 성경의 에덴과는 거리가 먼 메소포타미아인들의 낙원을 찾아 간 것이었다. 그러나 본서는 성경을 분명한 기초로 삼았을 뿐만 아니라 그 외에 고대 메소포타미아의 비문들을 비교·참고하고 이제까지 우리가 볼 수 없었던 새롭고 다양한 역사 고고학 자료들을 증거로 제시하면서 성경의 에덴 땅을 찾아 나섰다는 점에서 차이가 있다.

독자들은 이 책을 통하여 하나님과 성경에 대한 더 깊은 믿음과 은혜를 느끼게 될 것이며 특별히 신학생이나 목회자들은 이제까지 학문적 접근이 어려웠던 창세기 태고사에 대한 성경적 지식의 깊이를 풍성히 더하게 될것으로 생각된다. 이에 나는 본서 <성경과 고대 문명 속에 새겨진 에덴의 발견>을 기쁜 마음으로 추천하는 바이다.

조종남 박사 (서울신학대학교 명예총장)

추 천 사

오성종 박사

　종교사학파 입장을 따르는 비판적인 성경학자들은 창세기의 창조 기사를 그대로 믿지 않는다. 그들은 창세기 1-3장의 기사가 다신론적이고 신화적인 신관과 세계관으로 가득찬 메소포타미아 지역의 창조설화의 영향을 받아 바벨론 포로시기 때 기록이 완성된 것이라는 문서설을 받아들인다. 그들은 다신론적 신관과 신화적 창조관에서부터 창세기의 유일신론적인 신관과 창조관으로 발전된 것이라고 본다.

　본래 예언자와 계시의 종교인 야훼 하나님 신앙을 따라 이스라엘 민족은 구약성경과 예루살렘 성전 외에 신전이나 신상 등의 조각과 유물들을 남기지 않았다 (성전마저 주후 70년에 완전히 파괴되고 흔적도 남아있지 않지만). 반면에 고대 이스라엘 주변의 수많은 민족들은 신전과 신상, 비문, 토판, 문양 등 수많은 유물들을 남겼다. 이 고고학적인 자료와 문학과 고대 근동언어 연구를 통하여 종교사학파 입장의 학자들은 창세기의 창조기사에 대하여 비판적 해석의 결론에 이르렀던 것이다.

　그런데 이번에 성경고고학자인 김남철 박사는 종교사학파 학자들과는 전혀 반대의 접근방법을 통해 창세기 첫 부분이 역사적으로 사실이었음을 입증하기를 시도하였다. 특히 에덴에 관련된 창세기 기록의 사실성을 입증하는 지난한 작업에 도전한 것이다. 김 박사는 관련된 수많은 객관적인 고고학적 자료들의 제시와 함께 치열한 비교·분석·종합·추리 작업을 통하여 창세기의 에덴에 관한 사실들이 오히려 메소포타미아 주변의 유물들에, 비록 많은 부분 왜곡된 형태이지만, 분명하게 반영된 흔적들을 밝혀주고자 힘썼다. 나의 신학생 시절 브란다이스 대학교의 유대인 고고학자 사이러스 고든(Cyrus Gordon)의 제자였던 이진태 박사가 간단하게 가르쳤던 결론을 새삼 상기시켜주는 김 박사의 깊이 있는 학문적 연구서의 결론을 읽으면서 깊은 감명을 받았다.

김남철 박사는 30여 년간 이스라엘을 비롯한 메소포타미아 지역과 터키 지역을 수십 차례 방문하여 유물들을 수집해왔으며 목숨을 걸고 금지된 땅에서 사진촬영을 하면서 고고학적 연구에 매진하였고 성경유물박물관도 세워 한국교회를 위하여 봉사해왔다. 이미 여러 권의 성경고고학 관련 책자를 출판한 바 있는 김 박사가 이번에 '에덴의 발견'이라는 회심의 역작을 냈는데, 여기서도 그의 해박한 고고학적 지식과 학자적 성실성과 경건한 신앙심을 엿볼 수 있다. 창세기의 창조기사의 역사성에 대한 신뢰를 학문적으로 확고하게 지지해주는 본서는 분명 한국 교계와 신학계에 크게 기여할 것으로 기대해 마지않는다.

오성종 박사 (전 칼빈 신학대학원장)

추 천 사

김만형 박사

학부에서 함께 생활했던 김남철 목사님을 오랫동안 만나지 못했습니다. 그러나 하나님의 부르심을 따라 귀하게 쓰임 받으시리라 확신하고 있었습니다. 몇 년 전 참으로 기쁘게 그를 만났습니다. 함께 이야기 하는 동안에 그가 지금까지 해온 사역에 대한 이야기를 들으면서 감격하고 또 감격했습니다. 오직 하나님의 말씀을 증거하기 위한 열정과 헌신 그리고 하나님의 말씀을 손으로 터치할 수 있도록 하기 위해, 수천 년 전 성경의 무대가 되었던 근동의 험한 지역들과 세계 박물관들에 숨겨진 성경말씀의 역사자료들을 찾아내기 위해 그가 쏟아 부은 수많은 시간과 노력들 모두 다 충격이었습니다.

김남철 목사님의 아름다운 헌신과 희생이 우리를 더욱 부요케 하는 열매로 나타나는 것은 큰 기쁨입니다. 한 책의 가치는 저자의 인격과 삶을 통해서 평가되는 것이라고 확신합니다. 먼저 쓴 '성경을 증거하는 메소포타미아 신화와 유물 이야기'를 잡자마자 시간가는 줄 모르고 감격을 갖고 읽은 적이 있습니다. CTS '사인사색'에서는 그의 명쾌한 강의를 들었습니다. 책을 읽고 또 강의를 들으면서 저의 관심은 자연스럽게 에덴으로 향했습니다. 에덴이 어디에 있을까?

이번에 그동안 쌓아 왔던 많은 연구 자료들이 정리되어 이렇게 우리 손에 쥐어진 것은 큰 축복입니다. 우리에게는 늘 상상의 세계 속에만 있던 그 곳, 논의 자체가 되지 않았던 에덴이라는 이슈를 가지고 테이블 위에 올려놓은 것도 놀랍지만, 자신이 직접 발로 밟고 확인한 자료들을 중심으로 이슈를 정리해 나가는 그 모든 것은 우리를 흥분시키기에 충분합니다.

이 책이 우리의 신앙의 여정을 부요하게 할 것입니다. 하나님이 하시는 일과 그의 섭리, 그리고 그것을 기록한 하나님의 말씀이 얼마나 분명한가를 확인하게 할 것입니다. 우리 모두 에덴으로의 새로운 여행을 통해 더 많은 복을 누리기를 소원해 봅니다.

김만형 박사 (합동신학대학원 기독교교육학 교수,
친구들 교회 담임목사)

차 례

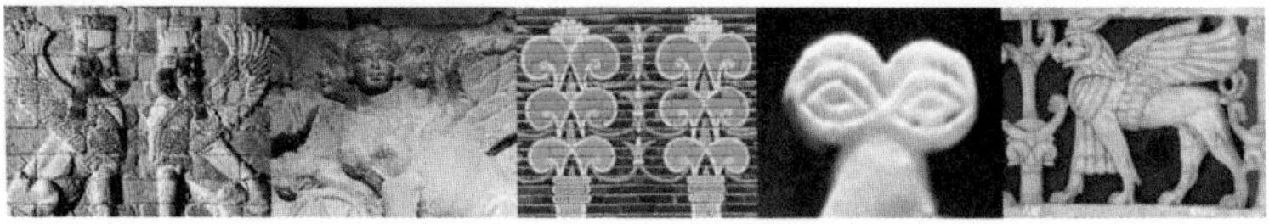

바위 산 암벽에 새겨진 베히스툰 비문의 3개 고대 언어가 해독됨으로써 메소포타미아 문명의 비밀들이 그 베일을 벗게 되었다. 비문의 주인공 다리우스는 후에 예루살렘 제2 성전 건축의 공로자가 된다(에6:1-12). 케르만샤, 이란

<일러두기>

1. 본서에 인용된 성구는 한글 개역판을 사용하였음.

2. 본서에 나오는 유물 연대는 일반적인 고고학 연대를 사용하였음. 성경
   연대와의 관계는 차후 정리하기로 함

3. 본서의 모든 사진, 지도, 도표는 편의상 그림으로 통일하여 정리하였음

4. 본서에 일부분만 흑백 스케치된 유물들의 원본 사진들은 성경n메소포
   타미아 유물관(www.bara7.org)에서 확인할 수 있음.

들어가는 말

에덴을 찾아 나서야 할까?

이제까지 많은 사람들이 에덴동산을 도저히 근접할 수 없는 신비롭고 성스러운 미지의 세계 혹은 신기루 같은 것처럼 생각해 왔다. 성경을 하나님의 계시로 믿지 않는 사람들은 물론이거니와 믿어도 부분적으로 믿는 사람들은 에덴의 사건을 역사적 사실로 받기보다는 교훈을 위한 하나의 우화나 전설로 생각하는 일들이 많았다. 누구도 에덴동산을 사실적으로 보여주거나 증명할 수 없었기 때문이었다.

이러한 상황 가운데서 에덴동산을 찾거나 연구하는 일은 할 일 없는 몽상가들의 놀이나 별로 학문적이지 못한 무모한 시도 정도로 생각해 버리는 경향도 있었다. 그리고 심지어 성경의 에덴동산을 하나의 신화와 전설로 바꾸어 버리는 이들은 대개 성경 전체를 역사성이 없는 책으로 돌려버리며 성경말씀이 주는 참된 생명력을 상실케 했다.

성경에 '아담은 오실 자의 표상'(롬5:14)이라고 했는데, 만약 에덴동산과 그 안에서의 첫 번째 아담의 불순종 사건이 단순히 만들어진 우화라면 그 아담의 죄의 결과에서 인류를 해방시킨다고 설명되는 한 분 그리스도의 구속 사역도 우화가 될 수 있으며 사도 바울의 이러한 교리적 논리는 어떻게 설 수 있겠는가?

또한 '너희는 너희 아비 마귀에게서 났으니… 저는 처음부터 살인한 자요… 거짓말장이요 거짓의 아비가 되었음이니라'(요8:44), '뱀들아 독사의 새끼들(brood)아 너희가 어떻게 지옥의 판결을 피하겠느냐'(마23:33)하시며, 여전히 인간들의 마음속에서 현실적으로 거짓을 꾀하고 하나님의 뜻을 거역하게 하는 에덴의 첫 뱀 마귀의 책략을 사실적으로 지적하시고 질책하시는 예수님의 말씀은 어떻게 해석할 것인가?

바울은 '뱀이 하와를 유혹했다'(고후11:3)고 말했으며 사도 요한도 '마귀는 곧 옛 뱀이요 용'(계12:9, 20:2) 이라고 명확히 표현해 주었다. 그럼에도 불구하고 이런 말씀들을 여전히 단순한 우화처럼 받아들이는 이들의 대부분은 유감스럽게도 귀신이나 천사 등 영적인 실체들도 부정하며 나아가 지옥이나 천국까지도 교훈을 위해 만들어진 이야기로 흔히 둘러대니 이들이 얼마나 성경 말씀으로부터 잘못되게 멀어지고 있는가를 알 수 있다.

에덴의 이야기를 사실이 아닌 교훈으로만 받는 자유주의자들에게 있어 성경은 인류 문명과 신화의 부산물에 지나지 않는다. 그들에게 있어 성경은 더 이상 계시된 하나님의 말씀이 아니며 지금보다 훨씬 뒤진 과거시대의 인간의 모방된 기록일 뿐이라고 생각하니 그들의 신앙이란 모래 위에 세워진 인본주의의 누각에 불과한 것이다. 그런데 이러한 생각이 개인의 것으로만 머물러있는 것이 아니라 신앙이 깊은 다른 사람들을 전염시켜 그 신앙의 근간을 뒤흔들고 있으니 이러한 주장들 앞에서 정통교회는 속수무책으로 보고만 있을 것인가? 아니면 무모한 일처럼 보이지만 성경의 에덴을 찾는 도전을 시작해 볼 것인가?

이제까지의 정황으로 볼 때 이 일을 한 개인이 시도한다는 것은 감당치 못할 어리석은 일처럼 보이며 돈키호테와도 같고 광신 내지 맹신적인 사람이라는 오명도 들을 수 있을 거라는 걱정도 들었다. 그리고 이 일을 이루려면 적어도 신들의 땅 딜문(낙원)을 찾아 나섰던 고대 영웅 길가메쉬처럼 엄청난 모험과 다양한 지적·신앙적 싸움을 내외적으로 감내해야 될 텐데 하며 망설여지기도 했다. 그러나 포기할 수 없었다. 이 탐구와 시도는 개인을 위한 것이 아니요 오직 성경의 참된 진리를 세우고 지키기 위한 지적 싸움이요, 순수한 교회를 무너트리기 위해 밀려오는 인본주의의 거센 파도를 막아내는 영적 싸움인 것이다. 이미 유럽교회는 그 거센 파도에 휩쓸려 거의 무너져 내리고 있다. 종교 개혁가들이 이룬 '오직 성경'(Sola Scriptura)의 핵심 신앙을 삽시간에 집어삼킨 거센 자유주의 사상의 해일을 막기 위해 철옹성 같은 진리의 방파제를 쌓는 일이 어서 속히 이루어져야 한다고 생각했다.

그리고 에덴의 진리를 바로 세우는 것은 성경이란 옷의 첫 단추를 바르게 끼우는 작업으로 이것이 잘못 되면 그 다음 모든 것이 흔들리고 왜곡되는 것이다. 오백년 전 성경의 진리를 바로 세우기 위하여 목숨을 던졌던 종교 개혁가들처럼 이제 누군가 다시 진리를 밝히기 위해 자신을 던져야 한다. 이성과 과학 그리고 역사적 증거가 없으면 하나님의 말씀도 믿지 않으려는 이 불신의 세대 속에서 더 이상 하나님의 말씀이 지구 너머 다른 세계의 공허한 이야기가 아니라 인간의 역사와 삶 그리고 바로 이 곳 우리가 밟고 있는 이 지구의 모퉁이에서 일어난 진실한 사건임을 보여주는 연구와 탐험의 외로운 발길을 내디뎌야 하는 것이다.

1장. 에덴을 찾는 것이
무슨 의미 있는 일일까 ?

어떤 이들은 잃어버리고 사라진 에덴동산을 오늘날 지상에서 찾는 것은 어리석은 일이며 신앙적으로도 의미가 없는 일이라고 쉽게 단정해 버린다. 왜 그럴까? 그러한 말을 하는 이들은 어쩌면 에덴동산의 실체를 믿지 않거나, 믿는다 해도 에덴동산을 찾는 일은 이제까지 불가능했고 앞으로도 불가능할 것이며 학문적으로도 이룰 수 없을 것이라는 패배주의에서 미리 단정하고 포기하기 때문에 그렇게 말할 것이다. 그리고 에덴을 찾으려는 과정 속에서 득보다는 실이 많을 것이고 확실치 않아 보이는 일로 괜히 신앙의 본질보다 비판만 불러일으키는 것이 아무런 도움이 안된다고 생각함에서 그런 주장을 할 것이다.

하지만 그들은 성경을 불신하려는 사람들이 그러한 약점을 틈타 성경을 우화나 신화로 바꾸어 버리면서 신앙을 약화시키는 시대적 위험성을 깊이 인식하지 못함에서 그러한 말을 쉽게 하는 것이다. 그런데 근자에 와서 사정이 많이 달라졌다. 에덴의 장소를 찾기에 도움이 되는 성경의 내적, 외적 자료들이 많이 나타났기 때문이다.

이제 우리는 더 이상 성경 이야기를 신화나 전설로 치부해 버리거나 왜곡시키면서 성경의 권위를 땅 바닥에 떨어트리는 시대적 상황 속에서, 그리고 그 여파로 많은 젊은이들과 지성인들이 의심을 품고 성경과 교회를 떠나며 깊은 신앙심을 가졌던 성도들마저 그 믿음이 흔들리는 상황을 간과해서는 안 된다. 우리는 역사적 에덴동산과 그 이후의 성경 사건들이 인간의 문명사나 인류초기 신화와 역사 속에 어떻게 나타났고, 또 어떠한 영향을 미쳐 왔는지를 밝혀줌으로써 성경의 진실을 전해 주어야 하는 불가피한 시대적 요청에 직면하게 되었다. 또한 과학적이고 역사적 사실만을 수용하려는 현대인들을 위해 이러한 연구와 작업이 이제 절실히 필요하게 된 것이다.

물론 아담과 하와가 살았던 사라진 그 옛날 모습의 에덴동산을 찾는다는 것은 어리석은 말이다. 그러나 적어도 에덴동산이 정말 지구상에 있었다면 그 지역이 대략 어디였는지는 충분히 연구해 볼 수 있을 것이다. 그리고 그 지역이 찾아진다면 그 주변지역의 고고학적 유물들과 그곳에서 흩어져 나간 아담의 후손들이 살고 남겼던 흔적들과 구전된 인류 초기의 이야기들 속에서 우리는 성경에 기록된 최초의 사건들과 그 모습들을 어느 정도 찾아볼 수 있게 될 것이다. 이것은 성경만의 문제가 아니요 초기 인류 문명사와 역사의 흐름 및 고고학 연구에도 크게 기여할 수 있게 될 것이라고 생각한다. 그런데 감사하게도 역사 고고학의 발전과 비문들의 발견 및 고대 언어의 해독을 통해 하나님께서는 오늘날 우리에게 그 가능성을 크게 보여주고 계시는 것이다.

다행히도 지난 30여 년간 고대 이집트의 나일강 남쪽에서부터 룩소르와 아마르나를 거쳐 고센과 시나이, 가나안, 레반트 중근동 지역과 터키, 이란, 아라랏과 아르메니아, 코카서스, 다시 인도와 네팔 등 고대 바빌로니아와 앗시리아, 애굽, 힛타이트, 페르시아의 근동 및 그 주변 지역을 홀로 배낭을 메고 집시처럼 떠돌던 시절에 찍었던 사진들과, 그 지역을 동서남북으로 일주하며 살펴보았던 많은 유적지와 박물관 자료들, 그리고 세계 곳곳에서 수집된 다양한 고고학 자료들 속에서 무언가 에덴에 관한 이미지가 희미하게 보이기 시작했다. 유럽과 미국 그리고 근동 아시아의 유명 박물관들과 대학 연구소 등에서 수집된 자료들과 고대 메소포타미아 지역의 비문과 그 해독된 자료들, 그리고 위성 지도 등을 통한 정밀한 지형 연구와 탐사, 광물과 지리적·지질학적 보충 자료들 그리고 이러한 것들이 뒷받침 된 성경말씀의 언어적 분석 속에서 에덴의 모습이 점차 수면 위에 드러나기를 시작했다.

때가 되었나 보다 터키 정부는 유프라테스와 티그리스 강 상류에 댐을 건설하면서 수몰 위기에 처한 인류 초기의 많은 Tepe들을 세계적인 학계와 고고학 팀들의 도움 속에서 한꺼번에 조금씩 발굴하게 되었다. 이삼십년 전 아니 수년 전의 학자들이 볼수 없었던 새롭고 다양한 고대 고고학 유물들이 출토되고 연구 전시되면서 이제는 에덴의 옛 장소를 찾는 것이 상상만의 무모한 일이 아님이 드러나게 되었다.

그렇다면 왜 이제까지 여러 학자들이 에덴을 찾아 나섰음에도 불구하고 성경이 말하는 에덴을 제대로 찾을 수 없었을까?

그것은 첫째로 그들이 성경말씀을 그대로 믿지 않았기 때문이었다. 소위 자유주의자들로 불리우는 이들은 다소 차이는 있지만 성경을 단순히 문학적 교훈 정도로 생각하기 때문에 에덴의 사실성을 믿지 않는다. 그러니 찾을 이유도 없었던 것이다. 그리고 간혹 고대의 낙원이나 딜문을 찾아나선 이들도 성경이 아닌 메소포타미아의 신화나 자료들을 중심으로 찾았기에 그들이 마지막으로 찾은 곳은 성경에 나온 에덴이 아니라 메소포타미아 신화 속의 딜문(Dilmun, 낙원)이거나 또는 진화론 속의 가상적 인류 의 초기 출현지 등 엉뚱한 곳들이었다.

둘째로 성경의 에덴을 찾을 수 없던 이유는 노아홍수의 대격변설 영향 때문이었다. 성경말씀을 그대로 잘 믿는 사람들도 노아홍수의 대격변으로 모든 것이 망가지고 휩쓸려 내려가 더 이상 그 이전 시대의 무엇을 찾는 것은 불가능한 일이라고 생각하여 포기해버린 것이다(이에 대한 설명은 뒤에서 더 하게 된다).

셋째로 어떤 이들은 성경과 에덴을 그대로 믿지만 에덴을 너무 신성시 하여 금기의 땅으로 만들거나 에덴을 찾는 일은 신앙적으로 무의미하고 비생산적이며 논란만 부추기는 어리석은 일이라고 생각했기 때문이다. 올라가지 못할 나무 쳐다보지도 말라는 식으로 생각하며 시도조차도 하지않았기 때문이었다. 이같은 이들의 주장과 학문적 패배주의의 선입견은 성경의 자료만으로는 에덴이 있었던 장소를 찾는 것이 불가능하다고 생각했기 때문일 것이다.

그렇다. 이제까지는 그랬다. 성경의 기록 목적은 인류구원을 위한 구속사적 기록이므로 모든 것이 상세히 설명되지 않았기에 그렇게 말할 수 있었다. 그러나 이제는 상황이 좀 달라졌다. 성경의 기록을 보충해주는 고대의 많은 고고학 유물들의 발견과 비문들의 해독 및 지질학적 연구들은 에덴이 있었던 지역을 찾는 작업을 가능하게 해주었다 . 그리고 이제 전술한바와 같이 성경을 왜곡시키는 시대적 상황들이 우리에게 에덴을 찾아야 하는 당위성과 필연성을 제기해주고 있는 것이다.

오늘날 성경이 계시된 하나님의 말씀이 아니라 메소포타미아 신화들의 잔유물에 불과한 것이라고 비하시키고 공격하는 일이 잦은 시대적 상황속에서 이러한 잘못된 주장들을 바로 잡는 일은 너무나 중요하다. 그런데 이 일은 성경과 메소포타미아의 관계가 바로 세워질 때 해결될 것이고, 에덴에 대한 증거와 설명은 그러한 관계 설정의 꼭지점이요 출발점이 되기 때문에 이 시대에 꼭 밝혀져야 할 아주 중요한 과제임을 다시 인지해야 할 것이다.

수천 년 역사의 흙먼지를 털어내며 비치는 인류 초기 고고학 유물들의 서광은 성경과 함께 에덴 이야기를 밝히 드러내며, 이제까지 감춰진 비밀로만 여겨왔던 에덴의 지역을 우리의 눈에 보이고 밟을 수 있는 현실의 땅으로 가까이 다가오게 하는 것이다. 수 많은 모험과 어려움 속에서 신화의 땅 딜문(낙원)을 찾은 길가메쉬의 흥분과 환희가 이 시대에 다시 재현되리라고 누구도 예상하지 못했을 것이다.

에덴의 땅 서쪽을 흐르는 유프라테스 강, 케반, 터키

2장. 에덴은 정말 있었을까?

 낙원은 모든 인류가 간직하고 싶어하는 공통적 꿈이요 이상이다. 이곳
은 동서고금을 막론하고 모든 인간들이 도달하고 싶어하는 궁극적 희망
의 세계이다. 그래서 고대로부터 아시아나 유럽, 아메리카나 아프리카인
등 모든 인종과 문명체들이 나름대로의 낙원 이야기들을 가지고 있으며
그들의 신화나 전설, 글이나 벽화 속에 그 흔적들을 남겨 놓았다.
 고대 메소포타미아인들은 에덴 같은 낙원을 '딜문'이라고 표현하고 있는
데, 수메르의 신화 '엔키와 닌후르사그'에 보면, 그들이 생각하던 낙원
딜문에 대한 묘사가 나온다.[1) 요약하면 다음과 같다.

'딜문은 깨끗하고 순결하며 밝은 곳이다. 그곳에서는 늑대나 사자 등
사나운 짐승들이 양이나 염소 등을 채가거나 잡아먹지 않는다. 그곳에는
병들어 아프다 하거나, 늙었다고 속상해하는 사람이 없고, 죽었다고 탄
식하거나 우는 사람들이 없다.'

마치 성경의 한 구절을 읽는 것 같다. 유사한 내용이 엔메르카르 서사시(Enmerkar and the Lord of Aratta)에도 소개되고 있다. 고대 메소포타미아인들은 유프라테스 강 하류에 있던 고대 도시 에리두에 낙원이 있었다고 생각한 것 같다. 수메르 왕목록에 의하면 수메르의 많은 도시들 가운데 최초로 왕권이 하늘에서 내려와 세워진 도시가 에리두였다. 그리고 이곳은 수메르 신화에서 낙원을 만든 에아 신이 주신으로 숭배되었고, 그가 창조한 최초의 인간 '아다파'(Adapa)가 그 신전의 사제로서 살았던 곳이다. 실제로 주전 5천년 기의 에리두 지층에서 에아 신전터가 발굴되었다[2]. 그리고 신화 속에서 아다파는 하늘 신 아누가 제공하는 생명의 양식을 거절하여 영생을 얻지 못한 자요, 인류에게 질병과 죽음을 가져온 자로 마치 성경의 아담처럼 묘사되고 있다.

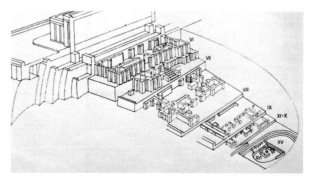

그림 1 에아 신전의 우측 하단 첫 부분이 주전
5천년의 신성한 우물 터 (by Heinrich & Seidl)

또한 바레인이 고대로부터 전해진 딜문이었다고 말해진다. 고대 수메르의 도시 라가시의 왕 우르난셰의 비문에는 그가 신전 건설을 위해 외국에서 딜문의 배들로 목재를 실어 왔다고 했으니 딜문(낙원)이 실제로 어느 지역에 있었음을 말해 주고 있다는 것이다.[3]

그림 2 딜문이
표기된 우르난셰 비문
일부, 24c B.C. 루브르
박물관

데이비 드 롤(Dav id Rohl)은 여러 학자들의 주장 중 특별히 피터 콘월(Pet er B. Cornwall)의 고대 문헌들이 바레인이 고대 세계에서 딜문으로 전해지고 있었음 을 잘 보여준다며 거기다 자신의 탐사 연구의 많은 자료들을 추가하여 그 이론을 뒷받침했다.[4] 필자도 바레인을 돌아보며 이러한 학자들의 주장에 대해 검토해 볼 수 있는 기회가 있었다. 바레인은 지정학적으로 좋은 위치에 있다. 페르시아 만에서 대해로 나가는 중간에 있는 섬으로 육지와도 가까이 있어 고대 메소포타미아인들이 인도와 아라비아및 아프리카로 무역하는데 중간 기착지로서 중요한 역할을 한 것 같다. 따라서 그 섬은 당시 어느 지역보다도 모든 것이 풍요로웠으며 거기다 그 섬이 갖는 아름답고 특별한 자연 환경이 메소포타미아의 신화와 절묘하게 일치됨으로써 고대인들이 쉽게 바레인을 딜문으로 생각하도록 만든 것 같다.

바빌로니아의 창조 신화 '에누마 엘리쉬'(Enuma Elish)에 의하면, 태고에 담수의 신 '압수'(Apsu)와 염수의 신 '티아맛'(Tiamat)이 있었고, 이둘이 결합되어 많은 신들이 생겼다고 한다. 그런데 바레인은 유프라테스와티그리스 강이 합류하여 들어가는 페르시아 만 아래쪽 바다에 위치해 있으며 그 섬 해안의 바다(염수) 밑에서 상당량의 지하수(담수)가 솟아 나온다. 쪽빛의 아름다운 바다 한가운데에서 많은 양의 지하수가 솟아 나오는 것이다. 이곳은 그들의 창조 신화에 나오는대로 염수와 담수의 두 물이 만나 섞이는 태고의 바다와 같은 곳이다. 바레인(Bahrain) 이라는 이름도 아랍어 '두 물'[bahr(물)+ain(둘)]이라는 뜻이다. 또한 수메르인들은 처음의 바다 한가운데서 올라온 우주의 산에서 하늘과 땅이 생성되고 신들이 나타난 것으로 생각했는데 바레인 섬은 염수와 담수의 두물이 섞이어지는 곳이면서 또한 바다 한가운데서 올라온 신들의 땅처럼 보이는 아름답고

그림 3
바다 가운데서
지하수가 솟는
바레인 연안 바다
모습

풍요로운 섬이었으므로, 고대인들은 이곳을 신들의 고향 딜문으로 생각할 수 있었을 것이다. 그래서 이 섬에는 담수의 신이자 인류에게 낙원을 만들어 준 창조의 신 에아의 고대 신전 유적이 있을 뿐 아니라 바레인의 왕이 에아의 아들 인자크를 섬겼다는 비문도 발견되어(그림 4) 낙원 딜문의 이미지를 더해주고 있다.

데이비드 롤은 이외에도 바레인에 남아 있는 고대 청동기 유적지와 딜문에 묻히고 싶어했던 고대의 수많은 무덤 군들을 그 증거로 제시하고 있다.[5]

그림 4 듀렌드 돌 비문
바레인 국립박물관

그림 5 바레인 섬의 청동기 유적지

함의 후손들이 세운 고대 이집트에도 성경과 유사한 낙원 이야기가 있다. 고대 이집트 제19왕조 시기에 고위 관리자였던 센네젬(Sennedjem)의 무덤 벽화는 가장 아름다운 벽화들 중의 하나로서, 전설적인 낙원의 이야기를 잘 나타내 주고 있다. 생생한 색감의 이 그림은 한 젊은 부부가 낙원에서 신

그림 7 고대 에아 신전터와
신전 아래 신성한 우물의 모습.
바르바르 신전터, 바레인

그림 6. 고대 에아 신
전 아래 신성한 우물

들을 섬기며 사는 모습을 보여준다. 그곳에는 강물이 있고 곡식과 나무
열매가 풍성하게 결실되어 있으며, 젊은 부부가 땅을 갈고 곡식을 추수하
는 모습이 나타나 있다.

성경의 표현에도 아담과 하와는 에덴동산에서 마냥 과일이나 따먹고 빈
둥거리며 놀러 다닌 것이 아니라 땅을 경작하며 에덴의 정원을 관리하는
역할이 주어졌다고 했다. 여호와 하나님이 그 사람을 이끌어 에덴동산에
두어 그것을 '경작하며 지키게 하시고(to work it and take care of it)'
(창2:15)

그리고 이 부부는 죽어서 내세의 신들이 있는 세계에 들어가 그 신들에
게 경배하는 모습을 보여준다. 이 외에도 지구촌 곳곳의 많은 민족과 문

명체들은 나름대로 자신의 민족 시조와 관련하여 낙원 이야기들을 갖고 있다(에덴의 땅에 대한 몇 가지 다른 견해는 12장에서 보충 설명된다).

그림 8 센네젬 무덤 벽화, 주전 13-12세기

성경에 보면 처음 사람 아담과 하와는 에덴동산에서 살다가 선악과 사건 이후 추방되었다. 그러나 그들이 하나님과 완전히 결별된 것은 아니었으며 또한 가인처럼 먼 곳으로 쫓겨난 것도 아니었기 때문에 에덴 가까이서 에덴을 그리워하며 살았고 하나님과 에덴의 이야기를 자기 자손들에게 전해 주었다. 이러한 사실은 에덴추방 이후 이어진 사건들을 통해 알 수 있으니 그들이 첫 아들 가인을 낳았을 때는 '여호와로 말미암아 득남하였다'고 고백하였으며, 그 아들 가인과 아벨은 후에 하나님께 제사를 드렸고, 다음 세대인 에노스 때에는 여호와의 이름을 부르며 예배를 드렸다.

그런데 여기 어려운 문제가 도사리고 있었다. 에덴 가까이 살면서 에덴의 이야기를 들어 알고 있던 아담의 자손들은 다시 에덴 안으로 들어갈 수도 있었다는 것이다. 그러나 죄를 짓고 에덴에서 추방되어 이미 죽음 아래 놓인 사람들이 다시 동산 안에 들어가 생명나무 열매를 먹으면 안 되겠기에 하나님께서는 에덴동산 동쪽에 그룹 천사들과 두루 도는 화염검을 두어 에덴동산 생명나무의 길을 지키게 하셨다.

"이같이 하나님이 그 사람을 쫓아 내시고 에덴동산 동편에 그룹들과 두루 도는 화염검을 두어 생명나무의 길을 지키게 하시니라"(창 3:24)

그리고 성경은 그 후에 에덴동산이 어떻게 되었는지에 대해서 언급하지 않고 있다. 그래서 성경학자들은 대개 노아 대홍수 때에 에덴동산도 파괴되어 없어졌을 것으로 생각하는데 그 말이 맞을 것 같다. 왜냐하면 지상에 그 어떤 존재도 에덴동산의 길을 지키는 천사 케루빔이나 하나님이 보낸 화염검을 물리치고 에덴동산을 정복할 자는 없었을 것이기 때문이다. 그래서 아마도 하나님 자신이 대홍수의 심판으로 그것을 파괴하실 때 까지는 지상에 남아있었을 것으로 생각된다.

그렇다면 하나님께서는 왜 그렇게 하셨을까? 죄로 말미암아 이미 에덴의 평화와 축복은 상실되었고 주인공 아담과 하와가 떠나버린 상황에서 에덴동산은 더 이상 존재해야할 이유가 없어 보였다. 그런데도 하나님께서는 에덴동산을 없애버리지 않으시고 그룹천사와 화염검으로 그 곳을 지키게 하시면서까지 오랫동안 사람들 곁에 에덴을 남겨두셨던 것이다. 왜 그러셨을까? 특별한 이유가 있었을까? 우리는 성경에서 그 답의 힌트를 얻을 수 있다.

여호수아가 그 백성들을 거느리고 요단강을 건널 때 법궤를 멘 제사장들이 강 가운데 섰고 흘러내리던 강물은 그쳤고 백성들은 요단강을 마른 땅으로 건너가는 기적이 일어났다. 그 때 여호수아는 제사장들의 법궤가 있던 요단강 바닥에서 각 지파대로 12개 돌을 취하게 하면서 다음과 같이 말하였다.

"이것이 너희 중에 표징이 되리라 후일에 너희의 자손들이 물어 이르되 이 돌들은 무슨 뜻이냐 하거든 그들에게 이르기를 요단 물이 여호와의 언약궤 앞에서 끊어졌나니 곧 언약궤가 요단을 건널 때에 요단 물이 끊어졌으므로 이 돌들이 이스라엘 자손에게 영원히 기념이 되리라 하라 하니라"
(수4:6-7)

그리고 여호수아는 요단 가운데 언약궤를 멘 제사장들의 발이 선 곳에 도 돌 열둘 을 세워서 그 곳을 기억하고 기념하게 하면서 그 곳에서 취한 12돌은 길갈에 세워 하나님의 말씀과 그 행하신 일을 증거하는 영원한 기념비로 삼았던 것이다. 우리의 다음 세대를 위한 성경 교육의 뛰어난 방법을 성경은 이미 수천 년 전에 가르쳐주고 계셨다.

모세는 신명기 32장 7절에서 '옛날을 기억하라 역대의 연대를 생각하라 네 아비에게 물으라 그가 네게 설명할 것이요 네 어른들에게 물으라 그들이 네게 이르리로다'라고 부모를 통해 하나님의 말씀과 사건이 후손들에게 전해지는 것이 하나님의 뜻임을 알려주신 것이다.

하나님께서는 죄로 타락한 초기 인류에게 여전히 창조주 되신 하나님 자신과 에덴에서 있었던 하나님과 사람 간의 중요한 사건을 잊지 말고 기억하도록 하시고자 한 것이다. 그래서 에덴동산을 없애지 않으시고 오랫동안 남겨두셨던 것이다. 아담과 하와가 쫓겨난 에덴은 이제 인류 초기의 사람들에게 인간과 하나님 사이에 있었던 가장 중요한 일들을 실증적으로 보여주는 신앙의 증거물이요 유적지로서 남아있게 된 것이다. 따라서 에덴에서의 추방 이후에 태어난 초기 인류는 에덴동산 밖에서 에덴을 바라보며 하나 님을 기억했고 아담과 하와에게 있어 에덴의 이야기는 자녀들을 키우며 들려줄 수 있었던 가장 중요하고 아름다운 신앙의 이야기들 이었다. 아담과 하와는 에덴에서 살았던 사람들이요 그 초기 후손들은 그 에덴을 밖에서 직접 바라보며 하나님과의 관계 속에서 산 사람들이었다.

그리고 긴 세월 동안 실제로 에덴을 보며 그 가까이서 살았던 아담의 후손들에 의해 그 이야기는 계속 구전되면서 초기 인류의 곳곳에 낙원 이야기의 흔적이 남아 있게 되었다. 아담의 후손들은 늘 에덴에 대한 꿈과 동경이 있었다. 후에 그들은 인구 증가와 더불어 흩어졌고, 또한 대홍수와 바벨탑 이후 사람들이 다시 지구촌 곳곳으로 이주해 나가 각기 다른 문명체를 이루면서 각 족속 나름대로 에덴과 같은 낙원 이야기들을 자신들이 만든 새로운 신들과 신앙 그리고 문화와 환경에 맞추어서 만들어가게 된 것이다. 그래서 인류 각 문명체들은 조금씩 다르기는 하지만 낙원이라는 주제의 유사한 이야기들을 공통적으로 가지게 된 것이다. 그리고 이러한 다양한 지역 다양한 문명 속에 남아있는 이야기와 흔적들이 유사한 요소들을 갖고 있다는 것은 그것들의 뿌리가 같을 수 있다는 가능성을 제기해주는 것이다.

3장. 노아의 홍수에 따른 대격변에도
에덴 지역을 찾을 수 있을까?

　어떤 과학자들은 노아의 홍수 때 지구에는 대격변이 일어났다고 한다. 그러면서 대홍수로 인한 많은 지질학적 대격변의 자료와 증거들을 제시하고 있다. 특별히 북아메리카의 그랜드 캐니언에 대한 연구 자료들을 통해 많이 설명하고 있으며 이러한 주장은 성경의 대홍수 내용을 기초로 하여 볼 때 상당히 타당성이 있는 것으로 보인다.

　그러나 그러한 대격변이 지구상 모든 지역에 똑같은 형태로 일어났는가에 대해서는 더욱 면밀한 연구가 요구된다. 왜냐하면 메소포타미아 지역의 여러 곳에서 홍수 이전과 이후의 유물들이 동일한 유적지의 상하 지층에서 함께 출토되고 있고 또한 대홍수 이후의 지형을 가지고 있는 현 메소포타미아 지역은 현장 답사를 통해 그랜드 캐니언과 같은 대홍수의 대격변 이론을 그대로 적용시키기에는 좀 무리가 있다는 것을 알 수 있기 때문이다. 특별히 대격변 이론은 홍수 이전 세계가 가지고 있던 거의 모든 유산들이 지리적 대격변과 홍수로 완전히 소실되었기에 이것들에 대해서 연구하는 것이 마치 불가능하고 어리석은 일처럼 생각하게 만들었다. 그러므로 지구 전체에 대한 대격변의 획일적 적용은 무리한 것이며 지역과 지형에 따른 더욱 세밀하고 다양한 연구가 필요하다고 본다.

그림 1-2의 괴베클리 유적지는 최근 발굴된 인류 최초의 산상예배 장소로 현재 세계적 관심 속에 계속 발굴 작업이 이루어지고 있다. 필자는 오래전 그곳 발굴 현장을 방문하여 클라우스 슈미트(Klaus Schmidt) 교수를 직접 만나 대화를 나누었고 그의 허락하에 역사적 발굴현장을 직접 보며 사진을 찍는 기쁨을 얻을 수 있었다. 물론 노아 대홍수 훨씬 이전의 것이며 하란에서 가까운 곳에 있다. 세계적인 발굴로 그 주변 지역에서 여전히 신석기 초기의 많은 유물 유적들이 출토되고 있다.

그 동안 노아 대홍수 격변의 영향을 많이 받은 보수적 신앙인들과 신학자들이 노아 홍수 이전의 세계에 대한 학문적 연구와 조사 자체를 시도조차 하려 하지 않고 미리 포기하거나 그러한 연구에 대해 합리적인 검토도 없이 쉽게 부정 비판하려고 하는 것은 재고 되어져야 할 부분이라고 생각한다. 물론 대홍수와 격변 속에서 그 이전 세계의 상당한 부분이 유실된 것은 사실이다. 그러나 여전히 출토되고 있는 다양한 고고학 유물들은 홍수 이전 세계의 많은 부분들을 시사하며 증언하고 있다. 성경에 기록된 조상들의 나이대로만 계산하면 노아 대홍수는 주전 3th millenium의 중간 시기이다[1]

그러므로 우리가 홍수 이전 세계에 남아있던 에덴동산의 흔적들을 찾아보는 것도 아주 허황된 일이 아니다. 물론 우리가 아담과 하와가 살던 실제 모습대로의 그 에덴동산을 찾는다는 것은 어리석고 잘못된 말이다. 그러나

그림 1 주전 1만년-8천년 경의 유적지 괴베클리 테페, 우르파, 터키

그림 2. 인류 최초의 산상 예배 장소로 많은 유물들이 출토되
고 있는 일명 배꼽의 언덕인 괴베클리 테페, 우르파, 터키

성경의 기록대로 에덴동산이 지상의 어느 곳에 실재했었다고 믿을 때 그 위치가 어디였을까 하는 연구는 성경적으로나 학문적으로 시도해 볼 가치가 충분히 있고도 남는다. 왜냐하면 성경적으로 볼 때 에덴동산의 주변과 그 강가 그리고 그곳에서 동쪽을 향해 떠나간 가인의 후예들이 이룬 문명집단은 인류가 이룬 초기 문명 공동체와 분명히 상관관계가 있을 것이며, 물론 아직 덜 발견되어 정확히 연결짓기 어려운 부분도 있겠지만 이러한 사실이 밝혀지면 성경에 대한 증거는 물론이요 인류 초기 문명사의 중요한 단초들이 새로이 제공될 것이기 때문이다.

실제로 성경에서 말하는 노아의 대홍수 이전 시기의 유적지나 유물들이 메소포타미아 여러 지역에서 공통적으로 나타나고 있기 때문에 대홍수 이전 세대의 모든 상태를 알아볼 수 없을 정도로 뒤덮은 대격변이 메소포타미아 전 지역에도 있었다고 말하는 것은 잘못된 주장이 된다. 그리고 노아의 방주가 아라랏 산(Ararat mountains)에 머물렀다고 했는데, 대홍수 중에 지형적 대격변이 이곳에도 심하게 일어났다면 홍수 후 물이 감한 지 수 개월도 안 되는 시간에 노아의 가족들과 동물들 특히 연약한 짐승들이나 두 쌍 밖에 안 되는 생물들의 경우에는 배에서 나와 바로 이 지역에 번성하여 산다는 것이 위험한 일이 될 수 있을 것이고, 또한 그의 후손들이 성경이 말하는 대로 이 주변 지역에서 바로 농사를 짓고 포도를 재배하여 그 열매를 먹으며 번성하기도 어려웠을 것이다.

아라랏 산은 화산의 분출로 생성된 것으로 알려져 있으며 대 봉우리는 해발 5160m에 이른다. 그런데 그 산의 중간 아래 부분은 상당히 완만한 경사를 이루고 있으 며 산 아래 주위에는 광할한 대평원이 펼쳐져 있고 만년설이 덮여있는 산 위에서부터 녹아내린 물은 대평원을 촉촉이 적시며 기름진 땅을 이루고 있다.

그림 3. 아라랏 산, 터키 동부

　이 지역을 수차례 돌아본 필자의 짧은 견해로는 대홍수 때 지구상의 대격변이 지역에 따라 그 강도와 유형에 많은 차이가 있었을 것이라는 점이다. 예를 들면, 메소포타미아 북부에 있는 산맥이나 동부의 자그로스 산맥들의 산세와 모습은 깊고 경사가 급한 산과 골짜기들도 많았지만 반면에 부드럽고 완만한 모습의 지역들도 많으며, 그 산들 사이와 주변 곳곳에 자리한 드넓은 평원과 고원의 분지 형태는 상당히 안정된 모습으로 광활한 지역에 걸쳐 조화롭게 이어져 있는 것을 볼 수 있었다. 그리고 이 넓은 지역들에서 인류 초기의 토기나 유물들이 많이 출토되었다.

　또한 메소포타미아 북부 산맥 아래부터 끝없이 펼쳐지는 넓고 비옥한 메소포타미아의 대평원과 아라랏 산을 중심으로 하는 주변의 비옥한 대평원은 하나님께서 아담 이후 초기 인류와, 대홍수 후 노아의 후손들이 방주에서 나온 동물들과 함께 다시 빠르게 번성하며 살아갈 수 있도록 준비해 주신 광대한 축복의 땅 이었다고 느끼게 했다. 그러므로 이들 주변에서는 여전히 시대적으로 대홍수 이전과 이후의 유물들이 함께 출토되고 있는 것이다. 하나님께서는 홍수 후 이렇게 말씀하셨다.

너와 함께 한 모든 혈육 있는 생물 곧 새와 육축과 땅에 기는 모든 것을 다 이끌어 내라 이것들이 땅에서 생육하고 땅에서 번성하리라 하시매 노아가 그 아들들과 그 아내와 그 자부들과 함께 나왔고 땅 위의 동물 곧 모든 짐승과 모든 기는 것과 모든 새도 그 종류대로 방주에서 나왔더라 (창 8:17-19)

하나님이 노아와 그 아들들에게 복을 주시며 그들에게 이르시되 생육하고 번성하여 땅에 충만하라(창 9:1)

너희는 생육하고 번성하며 땅에 편만하여 그 중에서 번성하라 하셨더라 (창 9:7)

그림 4 아라랏 산 아래의 대평원, 터키 동부

메소포타미아의 대평원은 물론이요 아라랏 산이 있던 아르메니아 산지와 그 아래의 기름진 대초원, 그리고 자그로스 산맥의 고원 평야 지대와 분지들이 준비되어 있지 않았으면 대홍수 후 인간과 동물들이 바로 자연에 적응하며 성경 말씀대로 생육하고 번성하며 나가기가 어려웠을 것이다. 오랫동안 지상에 남아 있던 에덴동산이 인류 초기 사람들에게 하나님과 인간 사이의 신앙적 증거와 교훈이 되었던 것처럼, 그리고 많은 고고학 유물들이 역사의 증거와 설명이 되듯이, 새로이 발견되는 에덴에 대한 연구와 증거는 불신의 세대에 새로운 영적 도전과 깨달음을 줄 수 있게 될 것이다. 이제 이상과 같은 이유와 근거 속에서 우리는 대홍수 이전 초기 인류가 남긴 유물과 흔적들을 찾아보면서 성경이 전해주는 에덴동산을 찾아가는 흥미로운 출발을 해도 될 것 같다.

그림 5. 자그로스 산맥과 인류 초기 유물 출토지 산맥 중부 대평원, 이란

그림 6. 아르메니아 대평원의 도시 예레반에서 바라본 아라랏 산 전경

성경N메소포타미아 뮤물관

하윌라 땅을 흐르는 아라스(아락세스) 강, 터키 동부

4장. 에덴의 샘과 물의 신 에아

　우리는 흔히 옛날 에덴의 땅을 찾는 것이 아주 어렵고 힘든 일이며 성경에는 그것에 대해 별로 알려주는 것이 없다고 막연히 생각한다. 하지만 그렇지 않다. 성경은 이미 에덴에 대해 많은 것들을 우리에게 시사해주고 있으며, 후에 아담의 자손들이 남긴 인류 초기 이야기들 속에도 그 이미지들이 변형된 모습으로 많이 남아 있는 것을 볼 수 있다.

　우선 에덴을 찾아 가는데 있어 제일 중요한 것은 성경이 전해주는 대로 에덴에서 시작된 강줄기이며, 그 강줄기의 시작점인 에덴의 샘은 바로 에덴 탐사의 출발점이요 종착지가 되는 것이다. 또한 에덴의 여러 자연 환경에 있어 중요한 특징의 하나는, 많은 물이 땅속에서 솟아나왔다는 것이다.

　창세기 2장 10절에 '강이 에덴에서 발원하여 동산을 적시고 거기서부터 갈라져 네 근원이 되었으니'라는 기록이 있다. 여기서 '발원하여'란 말의 히브리어 기본어는 '야짜'(יצא)인데 '나가다, 나오다, 돋다' 등의 뜻이 있다. 특히 사사기 15장 19절에서는 이 단어가 '샘이 터져 물이 솟아나온 다'는 의미로 사용되고 있다. 그러므로 에덴에 흐르는 강은 비가 내려 다른 곳에서 흘러온 물줄기가 아니라, 지하에서 솟아 나온 물이 강물이 되어 흘렀다는 의미이다. 성경에 표현된 그때 모습이 이를 보충 설명해준다.

여호와 하나님이 땅에 비를 내리지 아니하셨고 …… 안개(streams)만 땅에서 올라와 온 지면을 적셨더라 (창 2:5-6)

다시 말해 비가 내리지 않은 상황 속에 에덴에 흐르는 물은 땅속에서 솟아오른 물이라는 것이다. 그리고 많은 물이 땅속에서 흘러 나왔으니, 강이 에덴에서 발원하여 동산을 적신(창 2:10 상) 후 다시 네 개의 강으로 나누어진 것을 볼 때, 그 솟아나온 물의 양이 상당했음을 알 수 있다.

이러한 사실은 단어 분석을 통해서도 확인할 수 있다. '안개'(창 2:5)라는 단어의 히브리어는 '에드'(אד)로서 수메르어의 '이드'('광대무변한 강'이라는 의미)나 아카드어의 '에두'('홍수', '지하수의 분출'이라는 의미)에서 유래된 것으로 말해진다.[1] 이는 땅속에서 분출된 습기와 물이 온 땅을 적시기에 충분할 만큼 많았음을 묘사해 준다.

또한 에덴에서 발원한 '강'(창 2:10)의 히브리어 '나하르'(נהר)는 홍수같이 많은 물의 의미로도 사용되어지니, 풍성한 물이 땅속에서 힘차게 솟아나와 강물처럼 흘러내렸음을 보여준다. 이러한 성경의 표현들은 이어지는 장들의 메소포타미아 신화 속에서 단물의 신 에아 및 낙원 이야기들을 분석하는 데 큰 도움을 준다.

그리고 에덴에서 흘러 첫 번째 강이 된 '비손'(Pi- shon)은 '뛰는 것'이라는 의미이고 두 번째로 소개된 '기혼'(Gihon)은 '용출한 것'이라는 의미이다.[2] 아마도 그 강물들이 땅속 깊은 속에서부터 뛰듯이 용출되어 힘있게 흐르는 이미지를 보여주는 것 같다. 또한 티그리스 강의 발원지도 이 책에서 제시한 에덴의 지역에 있는 대단히 큰 호수(하자루 괼루)이다. 오늘날 고원 지역의 이 호수도 땅에서 솟아나온 샘물과 산에서 흘러내린 물들로 이루어진 것으로 판단된다.

그리고 이곳보다 조금 더 높은 동쪽 지역에 있는 도시 '빙괼'(해발 1150m)은 그 이름의 뜻이 '천 개의 호수'라고 불릴 만큼 물과 깊이 관련된 곳이며, 북동쪽으로 이어진 해발 2000-3000m의 산들 위에는 여전히 크고 작은 아름다운 호수들이 있다. 성경 속의 한 기자는 다음과 같이 노래했다.

그림 1. 해발 900m의 호수 하자루, 터키 동부

여호와께서 샘으로 골짜기에서 솟아나게 하시고 산 사이에 흐르게 하사 들의 각 짐승에게 마시우시니…… (시 104:10-11)

이 지역은 시인의 글대로 골짜기에서 샘이 솟아나 많은 물들이 모이고 흐르는 곳이다. 그러나 이러한 축복의 샘들은 대홍수 심판 때는 심판의 샘물이 되었으니, '그날에 큰 깊음의 샘들이 터지며 하늘의 창들이 열려' (창 7:11) 사십 주야를 내린 비가 온 세상을 덮어 심판했던 것이다. 그리고 대홍수가 그칠 때도 '깊음의 샘과 하늘의 창이 막히고 하늘에서 비가 그치매'(창 8:2) 물이 땅에서 물러가게 되었다고 했다.

그림 2. 천개의 호수라는 이름의 빙퇴 산악 지대, 해발 1200m 호수와 목축 모습

에덴동산에서 가장 성스러운 곳이 선악과와 생명나무가 있는 곳이었다면, 가장 아름다운 곳은 땅 속에서 샘물이 많이 솟아올라 고이고 흘러내리는 주변이었을 것이다. 물줄기가 동산을 적시고 다시 네 개로 나뉘어 흐르는 그 물가에는 동산 어느 곳보다도 많은 나무와 풀과 꽃들이 피었을 것이며, 그곳을 찾아오는 새와 나비와 동물들의 조화는 아담과 하와의 시

선을 끌기에 충분했고, 에덴을 사랑의 낙원으로 만드는 비타민이 되었을
것이다. '그대는 내 뼈 중의 뼈요 살 중의 살'이라고 사랑을 고백한 아담
이 연인 하와와 함께 에덴동산에서 가장 자주, 그리고 가장 오랜 시간 머
물렀던 곳이 바로 이 샘과 아름다운 물가였을 것이라고 생각하는 것이 무
리는 아닐 것 같다.

그림 3. 에덴 땅의 티그리스 강 발원지 호수 하자루, 터키 동부

아담과 하와는 우리와 똑같은 성정을 가진 인류의 조상이며 우리 속에
는 그 분들의 DNA가 여전히 있기에 우리가 일반적으로 느끼는 감정과 행
위를 그분들도 느꼈을 것이다. 아담과 하와는 에덴에 흐르는 강줄기를 따
라 피어난 각종 꽃과 나무들 그리고 그곳에 모여드는 각종 새나 짐승들을
보며 즐거워했고 그들에게 이름을 붙여준 에덴의 주인이요 관리자로서 행
복을 만끽했을 것이다. 특히 많은 물이 솟아나와 고이고 흐르는 강 수원

지의 신비로움과 아름다움에 흠뻑 젖었을 것이다. 그리고 에덴에서 추방된 후에도 그곳에서의 가장 아름다웠던 시간과 장면들을 평생 간직하고 살았을 것이며, 자손들에게도 그 이야기를 전했을 것이다. 그때는 학교도 교사도 교과서도 따로 없었다. 부모가 교사요 가정이 학교요 부모의 이야기들이 배움의 내용이었던 시대였다.

그림 4. 에덴 지역 티그리스 강의 발원지 하자루 호수 속의 새들의 낙원 섬

후에 성령의 감동과 계시 속에서 천지창조의 바른 모습을 써 내려간 모세도 에덴의 가장 중요한 자연의 모습을 성스러운 두 나무와 함께 땅 속에서 솟아 흐르는 물과 아름다운 과수들로 묘사하고 있는 것이다. 그리고

에덴과 그 동산을 적신 물줄기는 다시 네 갈래로 나뉘어 세계 사방을 향해 흘러 내렸다고 했으니 이는 하나님께서 에덴의 풍요와 축복을 온 세상으로 흘려보내셨다는 것을 상징해주는 것이다. 그러나 아담과 하와의 불순종으로 말미암아 그들은 에덴에서 추방되었고 성스러운 에덴의 두 나무도 언제인가 없어졌지만, 여전히 장구한 인간 역사의 강을 흘러내려 온 에덴의 네 물줄기는 우리에게 에덴이 우리 곁에 실제로 있었으며 그 지역이 대략 어디쯤인지 알려주는 나침반이 된 것이다.

그림 5. 에덴의 땅 외부를 흐르는 유프라테스 강과
그 주변의 과수원 및 야생화 들판 모습, 터키 동부

아담과 하와는 에덴동산에서 쫓겨난 후에도 멀리 간 것이 아니라 에덴동산을 그리워하면서 에덴 가까이에서 살았음을 성경의 그 다음 사건들을 통해 알 수 있다. 그리고 그들이 사랑하는 자녀들을 낳고 키우며 그들에게 들려준 에덴의 이야기 중에서 가장 중요하고 인상 깊었던 것들이 구전으로 남게 되었으니 선악과와 생명나무에 얽힌 이야기와 함께 에덴의 강물과 그 발원지 등의 모습들이다. 그리고 이러한 내용은 초기 인류인 아담의 후손들이 메소포타미아 지역에서 이룬 문명의 유산과 신화 속에 조금씩 변형된 모습으로 그 흔적이 남게 된 것을 유물들을 통해 볼 수 있다.

그림 6 아담과 하와가 뱀의 유혹으로 선악과를 따는 장면을 묘사해주는 일명 유혹의 인장(George Smith) 토판 Tepe Gaura 출토, 대영 박물관

그림 7. 에덴 추방 모습(Replica),주전 4천년,테페 가우라 이라크, 펜실베니아 대학박물관

그렇다면 에덴의 샘과 관련된 어떠한 이야기들도 인류 문명 초기에 조금이라도 남아 있을까? 다행히 남아 있다. 그것도 많이 남아 있다. 메소포타미아인들의 초기 낙원 이야기 속에는 깊은 샘과 담수 신의 이야기가 흥미롭게 펼쳐져 있다. 인류 초기의 메소포타미아인들이 만든 신들 중

인간과 가까이 하며 중요한 역할을 한 신의 하나가 창조의 신이며 지혜의 신으로 불리는 엔키(Enki-수메르어)이다 . 그의 이름은 동부 셈어인 아카드어에서는 '에아'(Ea)라는 말로 더욱 많이 사용되어졌으니, 아마도 그의 역할에 더욱 부응하는 이름으로 발전한 것 같다.

지혜의 신 엔키는 또한 물의 신으로 땅에 생명을 불어넣어 주는 역할을 했다. 물이 없는 땅은 황폐하고 생명이 살 수 없다. 땅은 물이 있음으로 그 생명력을 꽃피울 수 있는 것이다. 그래서 엔키는 물, 그것도 지하수의 단물을 다스리고 그 물로 땅에 생명을 주고 동식물을 창조한 신으로 묘사된다 . 따라서 엔키의 집은 땅 위가 아니라 땅 속 깊은 곳 지하수의 심연이었 고, 이러한 엔키의 역할을 더욱 부각시키는 이름으로 에아가 사용된 것이다.

고대 바빌로니아의 서기(scribe)는 신의 이름 에아를 수메르어에서 가져왔으니, 수메르어에서 'E'에(E_2)는 'temple, plot of land, house'라는 의미가 있다. 그리고 'A'아 (a) 는 'water, watercourse, flood'의 의미가 있다. 따라서 '에아' ('E+A':EA)라는 말의 뜻은 '물의 집' 또는 '물의 신전'이 된다. 그것도 작은 샘물이 아니라 수로같고 홍수같은 많은 물, 큰 물줄기가 솟아나오는 지하샘 심연의 '물의 집'을 의미한다. 또한 수메르어에서 E_4는 A와 같은 의미로 사용된다. 그런데 A는 water, father의 의미도 있다. 그러므로 '에아(E_4A)'는 '물의 아버지' 곧 '물의 신'도 된다. 그리고 신화 속에서 에아는 심연에서 용으로 상징되는 말둑 신을 낳고 가족 외 많은 존재들과 함께 살았다고 하니 용의 아버지 신으로 마치 용궁에서 용왕 같은 존재로 산 것이다. 이는 수메르의 신화가 동양의 용궁이나 우물 신앙의 뿌리가 됨을 보여주는 것이다.

집은 누가 사는 곳이다. 그런데 지하 심연에 에아 신이 산다. 그러므로 이 곳은 곧 '물의 신전'이 된다. 그래서 어떤 인장 토판에는 그가 지하 샘의 심연인 물의 방에 앉아 있는 모습이 있는데 이 모습이야말로 고대 메소포타미아 인들이 품고 있는 지하 담수의 신 에아에게 가장 잘 맞는 것 같다. 그 시대에 출토된 많은 인장의 토판들에는 항상 에아의 양 어깨에서 샘처럼 물이 솟아 흘러 내리고, 물고기들이 노닐고 있는 모습으로 묘사되며 이 두 갈래의 물을 유프라테스와 티그리스 강으로 설명하기도 한다.

그림 8. 신들의 산 위에 서 있는 창조와 지혜 그리고 담수의 신인 에아의 모습. 양 어깨에서 물이 솟아 흐르고 그 속에 물고기들이 있다. 대영박물관

그림 9. 물의 방에 앉아 다른 신들의 예방을 받 고 있는 에아 신, 프라 이부르그 대학 박물관

60

그렇다면 에아의 이야기는 에덴의 심연에서 솟아 나온 물이 후에 네 강에 속한 유프라테스와 티그리스 강의 발원이 되어 흘렀다고 한 성경 말씀과 의미가 같아진다. 죄로 영이 어두워져 하나님을 바로 알 수 없게 된 초기 인류가 하나님 대신 눈에 보이는 자연의 신비함과 능력을 의인화하여 만든 신들 중의 대표적인 한 신이 인간의 삶에 가장 중요한 물(담수)의 신 에아였던 것이다. 메소포타미아 신화 속에서 그는 낙원을 처음 만든 신이요 처음 인간 아다파를 만들고 생명을 준 신이며, 늘 인간 가까이에서 인간에게 생명과 풍요를 주는 신으로 숭배되었다.

메소포타미아 신화에서 한번은 신들이 노하여 땅 위 모든 인간을 물로 심판하려고 결정하였을 때, 신들 몰래 경건하고 의로운 자 아트라하시스에게 나타나 그 사실을 알려주고, 배를 만들어 그 심판에서 벗어나도록 도와주었던 신도 바로 에아였다. 하지만 메소포타미아의 신들은 만들어진 신들로서 불합리하고 타락한 일들도 많이 자행한다. 그리고 에아는 실수인지 고의인지는 몰라도, 인류의 조상 아다파가 하늘의 신 아누로부터 영생을 받지 못하게 하는 결정적 요인을 제공하기도 했고, 여러 불미스러운 일들도 저지른 신화 속에 만들어진 신 일 뿐이다.

신화에서 지하 샘의 심연이 그의 집인 에아는 낙원을 만든 신이었다. 흥미롭게도 메소포타미아인들이 생각한 낙원은 처음에는 물이 없어 메마른 땅이었다. 그리하여 담수의 신 에아는 신들의 요구를 받아들여 자신의 집인 지하 심연의 신성한 물이 솟아올라 그 땅을 적시게 한다. 그 결과, 낙원 딜문은 과실이 풍성한 초원인 생명의 땅이 된다. 마치 에덴의 땅속에서 많은 물이 솟아올라 에덴동산을 적시어 그 땅을 풍성하게 만들며 흘렀듯, 아담의 후손들인 메소포타미아인들 역시 구전된 에덴 이야기에 의해 땅속 깊은 물속에 사는 신 에아에 의해 땅에 물이 채워져 낙원이 되었다고 신화한 것이다.

여기 신화 속에서 만들어진 가공의 신 에아를 빼면 그들의 낙원 이야기는 곧 물이 땅 속에서 솟아나오며 에덴이 만들어졌다는 성경의 이야기와 같게 된다. 왜냐하면 아담의 후손들에게 구전된 에덴의 이야기에 그 뿌리를 두고 있기 때문이다.

그림 10. 신성한 나무 앞에 앉아 신들의 예방을 받고
있는 지혜와 담수의 신 에아, 프라이부르그대학 박물관

이러한 낙원과 물의 이야기는 오랫동안 메소포타미아 지역에 전해져 내려왔다. 그래서인지 이란 북부에 있는 솔로몬의 옥좌로 불리는 조로아스터교의 발생지도 이와 유사한 자연 풍광을 보여준다.

멀리 산들을 병풍 삼은 고원 지대(해발 2200m)의 높은 곳에서 심연으로부터 물이 솟구쳐 오른다. 그리고 분화구 형태의 입구까지 찰랑이며 넘쳐흐르는 호수의 짙푸른 모습은 그 아래 멀리 산봉우리처럼 솟아오른 거대한 분화구와 함께 신비로움을 느끼게 해준다. 또한 호수의 심연에서 솟구쳐 올라 양방향으로 흘러내리는 물줄기가 나중에는 점차 큰 강을 이루게 되는데, 이곳은 고대 페르시아인들에게 에덴의 샘과 같은 신비로움과 신의 임재 장소로서의 충분한 감흥을 주는 곳이 되었다. 그래서인지 전설적인 자라투스트라는 이곳의 깊은 지하 심연에서부터 끝없이 솟아오르는 물과 멀리 떨어져 있는 거대한 화산구에 타오르는 불을 보면서 아마도 신의 임재를 느꼈는지도 모른다. 그곳에서 조로아스터교가 발생했다고 전해진다.

　정리하면 아담의 후손인 초기 인류는 에덴의 땅속에서 솟아 나오는 물과 에덴의 이야기를 선조로부터 들어 잘 알고 있었고, 이것이 후에 하나님을 떠나 가공의 신들을 만들어 숭배하던 초기 인류에 의해 메소포타미아의 신화에 도입되어 만들어진 것이다. 마치 가인의 살인 이야기를 그의 몇 대 후손 라멕이 잘 알고 인용했던 것처럼, 아담 이후 전해진 에덴의 샘솟는 물과 아름답고 풍요로운 동산의 모습은 하나님을 떠나 새로운 신들을 만드는 메소포타미아인들에게 있어 가장 중요한 신화적 모티프가 되었고, 이러한 자연의 힘을 지닌 신적인 존재로서 지하의 샘 곧 심연의 물의 신인 에아를 만들어 내게 한 것이다.

그림 11.　조로아스터교 발생지 타크트 에 솔레이만, 솔로몬 옥좌, 이란

이제 성경의 나침반과 그 후에 나타난 흔적들을 통해서 에덴을 찾아 나서는 여정은 쓸데없는 공상이 아닌 것으로 보여진다. 우리는 그 후손 들이 남긴 이야기들 속에서 내용이 좀 바뀌기는 했지만 그 본래의 실 상에 어느 정도 접근해 갈 수 있을 것 같다.

인류 초기 문명의 흔적들이 많이 남아있는 자그로스 산맥과 평원, 케르만샤, 이란

5장. 에덴과 에딘 그리고 강 이야기

'에덴'(Eden)이란 말의 기원에 대해서 어떤 이는 수메르어 '에딘'(Edin)에서 나왔을 것이라 하고, 다른 이는 히브리어의 '기쁨, 화려, 진미' 등을 나타내는 동음이의어 '에덴'(עדן)에서 나왔을 것이라고 한다. 그런데 우리는 이 두 단어를 같이 사용할 수 있을 것 같다. 지형적으로는 수메르어 에딘을 참고하고, 영적으로는 히브리어의 의미를 사용하는 것이다.

'에딘'이라는 단어가 고대 수메르 비문에서 간혹 나타나는데, 메소포타미아의 남부 도시국가 라가시(Lagasi)와 움마(Umma)의 전쟁 이야기에도 나온다. 그들은 두 도시국가 사이에 있는 큰 수로와 그 주변의 넓은 평원을 에딘이라 불렀고[1] 그곳을 차지하기 위해 패권 다툼을 벌였으니 이것에 얽힌 비문과 유물들이 루브르 박물관에 전시되어 있다.

그런가 하면, 수메르 문명의 영향을 받았던 고대 인더스 강 유역의 넓은 평야 초원 지대도 에딘으로 불리었다.[2] 그러면 그들은 어떤 이유에서 강물이 흐르는 넓은 평원을 '에딘'이라고 불렀을까? 그리고 그들이 가진 '에딘'이라는 단어의 그러한 개념은 어디에서 나왔을까? 신화의 뿌리를 찾아보는 것은 흥미로운 작업인 것 같다.

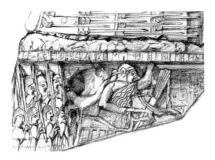

그림 1. 라가시와 움마의 전투 부조,
주전 25c 경, 루브르 박물관

그림 2. 라가시와 움마의 전투 부조에 새겨진 수메르 상형문자 '에딘' 라가시의 왕 에안나툼의 승리 기록

우리는 보통 에덴과 에덴동산을 동일시한다. 그러나 성경의 표현을 자세히 살펴보면, 에덴과 에덴동산이 그 지리적 범위에 있어 약간 다를 수 있음을 알게 된다.

성경 창세기 2장 8절 상반절에는 '여호와 하나님이 동방의 에덴에 동산을 창설하시고'라고 기록되어 있고 이것을 영어 성경 KJV에서는 'And the LORD God planted a garden eastward in Eden'으로, NIV에서는 'Now the LORD God had planted a garden in the east, in Eden'이

라고 썼다. 그런데 여기서 '동방의 에덴에 동산을'(히브리어: 간-베에덴 미케뎀)이라는 말은, 에덴동산을 '동방의 에덴에 있는 정원'이나 '에덴의 동쪽에 있는 정원'이라는 해석이 모두 가능하다. 즉 에덴동산은 '동방의 에덴'이란 지역 안의(in Eden) 동쪽 편에 하나님에 의해 특별히 만들어진 곳으로 해석될 수 있으며, 보기에 아름답고 먹기에 좋은 각종 실과나무가 있는 정원(garden)과 같은 곳 이었다.

그리고 하나님께서는 그 동산 가운데 선악과와 생명나무를 두셨고 각종 실과나무가 잘 자라도록 물을 공급해주셨다. 그런데 동산에 공급되는 물줄기도 먼저 에덴에서 강이 발원하여 흘러서 동산을 적셨다고 하면서 에덴과 동산을 나누어 설명했다(창 2:10). 아마도 초원 같은 에덴의 지역이 있고, 그곳에서 물이 솟아올랐고, 그 물이 각종 과실나무들이 가득한 동편의 동산(garden)으로 흘러들어 그곳을 적시면서 다시 네 개의 강줄기로 나누어진 것으로 파악된다.

여호와 하나님이 그 땅에서 보기에 아름답고 먹기에 좋은 나무가 나게하시니 동산 가운데에는 생명나무와 선악을 알게하는 나무도 있더라 강이 에덴에서 발원하여 동산을 적시고 거기서부터 갈라져 네 근원이 되었으니(창 2:9-10)

구약성경 창세기 2장 8절 '여호와 하나님이 동방의 에덴에(in Eden) 동산을 창설하시고…'에서 동산은 히브리어 'gan'(גן)으로 표현되었다. 그 뜻은 문자적으로 '울타리로 둘러싸인 평야나 정원'이다.[3] 그래서 이 말이 그리스어로 번역될 때 '파라데이소스'(paradeisos)라고 했으니 그 본래의 의미는 '초원'이다. 그리고 우연인가? 수메르어에서는 아담(A₂-dam)을 '초원에 사는 사람'[4]의 의미로 사용했으니 메소포타미아 초기 문명인들의 아담과 낙원에 대한 이미지가 성경에 상당히 근접해있다.

그리고 그리스어 '파라데이소스'(paradeisos)는 고대 페르시아어 '파이리다에자'(pairidaeza)에서 유래했는데,[5] 이 단어는 문자적으로 peri(around) + teichos(a wall)로 구성되었고[6] 뜻은 '울타리로 둘러싸인 초원'으로 페르시아 왕과 귀족들의 정원을 일컫는 단어이다.

따라서 에덴동산을 페르시아적 개념으로 표현한다면 울타리로 둘러싸인 초원에, 사방에서 물이 흐르며, 각종 나무와 실과가 우거진 전통적 왕의 정원과 같은 곳이 된다. 낙원이란 의미의 단어 '파라다이스'(paradise)가 이 말에서 유래되었다.[7] 페르시아의 창건자 고레스 대왕의 왕궁과 그곳에 있던 '만국의 정원'은 그야말로 멀리 울타리 같은 산으로 둘러싸인 대 초원의 한쪽에 있었다. 그 정원은 사방에서 물이 흘러 꽃이 만발케 한 곳으로 세

그림 3. 고레스 왕궁 안 만국의 정원 유적지, 이란

계 각국에서 데려온 왕비들을 위해 만들어진 정원이었다.

그 이후 신들의 정원 같은 낙원의 모습을 그대로 간직하고 싶어한 페르시아의 왕이나 귀족들의 전통적인 정원은 향기나는 꽃과 과일나무들로 가득했고, 특히 정자나 사원 전후좌우 사방으로 에덴동산의 네 개 강물처럼 네 개의 물줄기가 흐르거나 고이게 했다. 이것이 그들에게 있어 가장 낙원적인 이미지였고, 그러한 곳을 다음 헬라 세대는 '파라데이소스'라고 부른 것이다. 이러한 모습들은 오늘날 테헤란이나 이스파한, 우루미예 등 전통적인 페르시아의 고대 도시들의 왕궁이나 유적지에서 쉽게 찾아볼 수 있다.

그림 4. 페르시아 왕의 정원, 이스파한, 이란

그림 5. 페르시아 왕족의 전통 정원, 쉬라즈

그리고 이러한 낙원의 이미지는 2천 년이 지난 후에도 이어져 인도 뉴델리에 있는 이슬람 제국의 황제 후윤마의 무덤 정원에서도 찾아볼 수 있다. 나무와 꽃들로 잘 가꾸어진 드넓은 정원과 그 중앙에 있는 무덤 사원 사면에는 물 못과 물줄기가 조화롭게 잘 만들어져 있고, 이것들이 서로 연결되어 흐르면서 사방으로 정자를 감싸고 있는데, 이는 신들이 사는 낙원과 같은 곳에 안치된 황제의 모습을 잘 보여준다.

에덴에서 발원한 강은 동산을 적시고 거기서부터 갈라져 네 개의 강을

그림 6. 황제 후윤마의 무덤, 뉴델리, 인도

이루었으니 비손, 기혼, 힛데겔(티그리스), 유프라테스 강이었다고 성경은 말한다. 이 강들의 위치에 대해서는 이어지는 장들에서 설명을 할 것이다. 그리고 앞 장에서 설명한 것처럼 에덴에서 흐른 강은 동산을 적신 후 세상 사방으로 흘러내려 하나님이 주신 에덴의 풍요와 축복을 온 세상에 전하여주는 의미가 있다.

아브람과 롯은 아담과 셋의 직계 혈통으로서, 주전 21세기 수메르 문명의 마지막 전성기에 그 중심 도시인 우르에서 수메르적 개념을 가지고 산믿음의 선조들 이었다. 그들이 후에 가나안 땅에 들어가 소돔과 고모라가 있는 요단의 들판을 처음 보게 되었을 때 롯은 그곳이 마치 '여호와의 동산'(에덴을 지칭하는 말) 같다고 표현했는데 '온 땅에 물이 넉넉'하기 때문이었다고 창세기 기자는 설명하고 있다(창 13:10).

그런데 이 표현은 전술한 라가시의 비문에서처럼 상당히 수메르적이다. 왜냐하면 수메르어에서 '에딘'(Edin)이라는 말은 '물'을 나타내는 'E'와 '생명'을 나타내는 'Din'의 합성어이기 때문이다.[8] 실제의 에덴과 에딘에 있어서 자연에 생명을 공급해주는 1차적 요소가 바로 땅속에서 솟아나온 물이었음을 단어 자체가 잘 설명해주는 것이다. 물이 풍성하게 흐르는 넓고 비옥한 초원, 그리고 다시 그 물들이 여러 갈래로 나뉘어 흐르고, 주변에는 꽃과 식물들이 무성히 피어나 짐승들이 한가로이 풀을 뜯는 곳이 수메르인들이 생각한 에딘이며 그 모습은 먼저 아담이 살던 본래 에덴의 특징적인 모습이기도 했던 것이다.

그래서 이와 유사한 모습의 땅인 남부 메소포타미아 평원의 대초원 유프라테스와 티그리스 강의 지류를 중간에 두고 있던 라가시와 움마 사람들은 그 땅을 에딘이라 불렀고, 그 땅을 차지하기 위해 오랫동안 싸웠던 것이다. 에덴의 자연적 특징을 가진 에딘은 고대인들에게 있어 풍요와 행복을 가져다주는 축복의 땅으로 동경의 대상이 되었던 것이다.

에덴에서 발원하여 인류 초기 문명의 이야기들을 담고 유구히 흐르는 역사의 강물
티그리스, 고대 도시 디야르바키르 지역, 터키 동부.

6장. 상형문자 에딘과 에덴

　성경에 에덴에서 흘러나온 물이 동산을 적시고 거기서부터 갈라져 네 근원이 되었다고 했는데(창 2: 10), 여기 근원이란 말은 히브리어로 '로쉬'(שאר)로 '머리, 선두, 앞, 시작'이라는 의미가 있다('로쉬'의 보충적 의미는 11장에서 설명된다). 다시 말해, 에덴의 강은 네 강의 시작, 상류(headstream)라는 말이다. 그런데 간혹 메소포타미아의 전설이나 신화를바탕으로 유프라테스나 티그리스 강의 중간이나 하류 지역을 에덴으로 설명하려는 사람들이 있다. 그것은 상류에 살던 아담의 후손들이 남부 메소포타미아의 평원에 이주하여 살면서, 후에 자기들의 종교 문화와 환경에 맞게 만든 이야기들을 바탕으로 연구했기 때문이다.

　근자의 고고학 발굴은 메소포타미아 문명이 북부지역인 하란 근교의 괴베클리 테페나 카라 테페 등의 지역에서 먼저 둥지를 틀고 남쪽 수메르 지역으로 퍼져 나갔을 가능성을 강하게 제시하고 있다.

아담과 하와는 에덴동산의 구조에 대해 너무나 잘 알고 있었다. 에덴의 땅속에서 많은 물이 솟아올랐고, 나뉘어 흘렀는데 이것은 성경이 에덴 동산의 구조와 지리적 특징에 대해 설명한 중요한 점이다. 그리고 후에 아담의 후손들은 이 강줄기들을 따라 삶의 터전을 이루어 나갔다. 아담이 후손들에게 전해 준 에덴의 지리적 특징과 그 후손들이 간직한 에덴에 대한 이러한 이미지는 나중에 '에딘'(수메르어)이라는 문자를 처음 만드는 데 결정적인 역할을 했을 것이다.

상형문자가 처음 만들어질 때 가장 중요한 것은 그 모습을 보았을 때 그것이 무엇을 나타내는 것인지 모두가 공감할 수 있어야 한다는 것이다. 예를 들어 에딘을 나타내는 상형문자를 만들려면 그 형태 속에 이미 그시대 사람들이 가지고 있던 에딘의 개념과 모습이 담겨져 있어야 한다는 것이다. 그런데 수메르어로 '에딘'이란 최초의 상형문자는 바로 에덴의 땅속에서 솟아나오는 샘물의 이미지를 그대로 갖고 있다.

롤(D.Rohl)이 모사한 로고로 볼 때[1] '에딘'이라는 상형문자는 땅속 공간에 모여 있는 물이 위로 솟아올라오는 것을 형상화한 것으로 나타나니, 물이 담겨 아래가 불룩한 물동이 형태이며, 그 주둥이 부분으로 물줄기가 나가듯이 네 가닥의 선이 수직으로 그려져 있다. 그리고 사선으로 그려진 두 개 또는 네 개의 선들은 물을 나타내는 초기 사인이다. 그리고 에딘의 상형문자는 유사한 형태의 다른 모양으로 발전하며 메소포타미아의 초기비문들 속에 종종 등장한다.

그림 1.
수메르어
'에딘'의
초기 형태

그림 2. 수메르어 에딘의 보편적인 상형문자

이 '에딘'이라는 상형 문자 속에 나타난 에덴의 샘물은 이후 메소포타미아 세계에서 신이 인간에게 주는 생명과 풍요의 생수로서 아주 중요한 상징이 되었다. 유프라테스 강변에 있던 고대 왕국 마리의 왕궁 벽화에 여신의 손에 들려진 물병 항아리로부터 네 개의 생명 물줄기가 흘러나와 사방으로 퍼지는 것이 묘사되어 있다.

그림 3. 마리 왕궁 벽화 일부,
주전 18세기, 시리아, 루브르 박물관

그림 4
이슈타르
여신과
생수물병
알레포

그리고 같은 물병을 손에 든 여신 이슈타르가 사람 크기의 모습으로 마리 왕궁 신전 터에서 발굴되어 시리아의 알레포 박물관에 전시되고 있다. 생명의 물을 주는 이러한 물병 형태의 조각은 많은 신전을 지어 유명한 고대 도시 구데아 왕의 조각상을 비롯해 고대 수메르와 메소포타미아의 여러 유물에서 자주 나타나고 있다.

이스탄불의 동양 고고학 박물관에는 고대 수메르 신전에 놓여있던 제단

이 있고, 그 사면으로 돌아가며 새겨진 부조에 여신이 양손에 들고 있는
생수의 물병으로부터 물줄기가 솟아올라 퍼지는 모습이 새겨져 있다.

그림 5. 신성한 물의 수반 부조, 닝기르수 신전 주전
3천 년 전기, 고대 동양 박물관, 터키

그런가 하면, 독일 베를린의 근동 아시아 박물관에는 앗시리아 왕 산
헤립의 대형 석조 물탱크가 있다. 그것은 신성한 물의 아브주(Abzu), 심
연을 상징하는 물탱크로 사면에 신의 손에 들려진 물병에서 네 개의 물줄
기가 솟아올라 사방으로 퍼져나가는 모습의 신화적 부조가 새겨져 있다.

그림 6. 앗시리아 산헤립 왕의 신성한 물 저장소, 베를린 국립박물관

이러한 신성한 물의 개념은 신전과 연계되어, 고대 신전들의 건축에 있어 늘 중요한 자리를 잡고 있다. 이집트 룩소르의 카르낙 대 신전 뒤에는 신전 규모에 걸맞은 거대한 연못이 있으니, 이것은 신성한 물의 아브주를 상징하는 것이다.

그림 7. 룩소르 카르낙 신전의 신성한 연못, 이집트

극락의 장소를 상징하는 불교의 수미산이나 힌두교의 메루산은 태고의 바다 가운데 우뚝 솟은 산으로 묘사되며 힌두교와 불교의 요소들이 함께 한 웅대한 건축물 앙코르와트도 사면이 태고의 바다를 상징하는 물 해자에 감싸인 지대 위에 메루산이 솟아오른 신전 탑의 형태이며, 그 신전 경내를 들어서면 역시 신성한 연못이 신전 정면 좌우에 자리하고 있다. 또한 정상의 메루산 탑은 사면이 물이 고이는 신성한 물의 저장소 가운데 자리하고 있다.

에덴동산에서 사방으로 흘러내리는 물은 세상 곳곳에 생명과 풍요를 주시는 하나님의 은총을 보여주는 것이었다. 그리고 이 에덴동산의 물은 고대 메소포타미아의 문명과 신화 속에 역시 신이 주는 생명과 풍요의 상징물이 되었고, 이후 낙원의 신성한 샘물과 그 신은 우물을 숭배하는 고대 원시 신앙들의 뿌리가 된 것이다.

그림 8 앙코르 와트 사원과 전경들

알레포 박물관 입구에 세워진 신수 위에 선 신상들

히타이트 유물, 할라프 테페 출토, 시리아

7장. 구스 땅과 기혼 강

(1) 네 개의 강

성경에 의하면 에덴동산은 지구상에 실재했던 아름답고 풍요로운 장소로서, 일부 표현된 자연 환경의 특징으로는 땅속에서 많은 물이 솟아올라 동산을 적시었고, 아름답고 먹기 좋은 과실나무들이 많이 났으며, 그 풍성한 물은 다시 네 개의 강이 되어 흘러내렸다고 하는 것이다. 그리고 나뉘어 흐른 네 개의 강에 대한 설명은 다음과 같다.

강이 에덴에서 발원하여 동산을 적시고 거기서부터 갈라져 네 근원이 되었으니 첫째의 이름은 비손이라 금이 있는 하윌라 온 땅에 둘렸으며 그 땅의 금은 정금이요 그곳에는 베델리엄과 호마노도 있으며 둘째 강의 이름은 기혼이라 구스 온 땅에 둘렸고 세째 강의 이름은 힛데겔이라 앗수르 동편으로 흐르며 네째 강은 유브라데더라 (창 2:10-14)

성경의 기록대로라면 에덴동산의 정확한 위치는 상술된 강의 상류 발원지가 될 것이다. 그런데 문제는 이 네 개 강 중 두 개를 현재로서는 찾기가 어렵다. 너무나 오래 전의 이야기이고 그 동안 지리적 환경의 변화와 언어의 혼란이 비손 강과 기혼 강을 정확히 파악할 수 없게 했다.

하지만 그럼에도 불구하고 성경대로 볼 때 에덴의 땅을 찾는 것이 그리 큰 문제가 되지는 않는다. 왜냐하면 기술된 네 개의 강 중 다른 두 개의 강 즉 티그리스(힛데겔)와 유프라테스 강은 이미 확실히 파악되고 있으니, 이 두 강의 상류 발원 지역은 아직 파악되지 못한 나머지 두 강의 상류와도 관계가 있을 것이 기 때문이다.

혹 어떤 이들은 성경이 설명하는 에덴동산에서 흘러내렸던 유프라테스와 티그리스의 강줄기가 오늘날의 강줄기와 같으냐는 의문을 제기할 수 있다. 물론 오랜 시간의 경과 속에서 이 두 강의 흐름에 약간의 변화는 있었다. 그러나 적어도 이 두 강 유프라테스와 티그리스는 인류 초기 문명사를 찾지 못할 정도로 큰 변화는 없었다고 말할 수 있다.

예를 들면, 수메르 남부 지역을 흐르던 유프라테스와 티그리스 강의 줄기는 안팎으로 약간 흐름의 변화가 있었고 여러 갈래의 수로로 나뉘어 흘렀으며 또한 페르시아 만의 해안선은 지금보다 훨씬 위에 있어서 에리두가 바다의 습지 가까이 있던 것으로 밝혀졌다. 그래서 수메르 최초의 도시로 기록에 남아 있는 에리두는 에아 신을 위하여 바다에서 물고기를 잡던 최초의 사람 아다파의 신화도 간직하게 된 것이다.

하지만 여전히 메소포타미아 전체를 아우르는 두 개의 큰 강 유프라테스와 티그리스(힛데겔)는 수천 년을 큰 변화 없이 그 땅을 적시고 있으니, 그 강과 그에 속한 지류들의 주변 유적지들, 예를 들면 메소포타미아 북부의 할라프(Halaf)나 하란(Haran), 니느웨(Nineveh), 중부의 마리(Mari)나 아슈르(Assur), 사마라(Samarra), 하류 수메르 지역의 우르(Ur)나, 우르크 (Uruk), 에리두(Eridu) 등 수 많은 고대 유적지들에서 대홍수 이전 시대 와 이후 시대의 유적 및 유물들이 함께 출토되고 있음을 보아서, 메소포 타미아 지역을 에워싸고 수천 년 흐른 두 강의 원줄기들은 큰 변화 없이 흘렀던 것으로 확인된다. 그렇다면 이제 나머지 두 강 기혼과 비손을 추 적함으로 그 발원지가 되는 지역에서 성경이 말한 에덴동산의 흔적들을 찾아볼 수 있게 될 것이다.

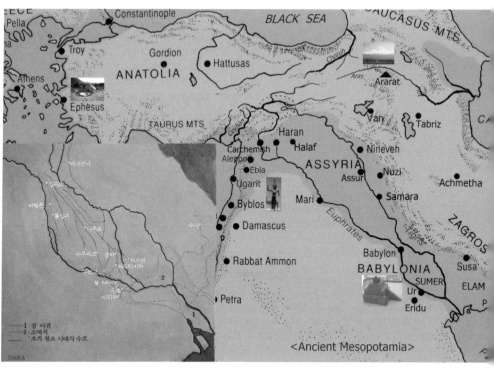

그림 1-2. 고대 근동 수메르 & 메소포타미아 지역

(2) 구스 땅

그 동안 많은 사람들이 기혼 강을 찾으려 애썼다. 이 강을 찾으면 에덴 동산의 8부 능선을 올라가는 것이기 때문이다. 그러나 찾는 것이 그리 쉽지 않았고 찾았다고 말한 이들도 성경과는 거리가 먼 곳을 지목하였다.

성경에 에덴동산에서 흘러나오는 두 번째 강의 이름은 기혼으로 '구스'(Cush:쿠쉬) 온 땅에 둘렸다고 했다(창 2:13). 그렇다면 기혼 강을 찾기 전에 먼저 구스 땅을 찾는 것이 순서일 것 같다. 구스 땅만 정확히 찾을 수 있다면 기혼 강은 더불어 쉽게 찾게될 것이다. 하지만 그 동안 구스 땅을 찾는 작업이 만만치 않았다. 유사한 곳을 찾았다 해도 그곳을 성경의 기록대로 유프라테스나 티그리스 강과 연계시키기에 불가능했다. 그래서 어떤 이들은 대륙 이동설 등을 통해 에덴동산을 더 이상 찾지 못할 장소로 고착화시키거나 아예 신화나 우화로 바꾸어 버리기도 했다. 그러나 성경은 우리에게 진실한 사건을 전해주었다. 자연환경의 변화 속에서 인간이 부족하기 때문에 아직까지 찾지 못한 것 뿐이다. 하지만 이제 고고학의 발달과 함께 새로운 것들이 보이기 시작했다.

그동안 많은 이들이 구스 땅을 구스(Cush)의 후손들 중 일부가 세운 아프리카 대륙의 에티오피아로 생각하였다. 따라서 이 지역을 돌아 흐르는 나일 강이 기혼 강일 것이라고 생각하였다. 그러나 나일 강이 기혼 강이면 그 출발점이 유프라테스나 티그리스 강과는 어떻게 연계될 수 있는가? 아마도 홍수 심판의 대격변으로 또는 대륙 이동으로 모든 지리적 상태가 바뀐 것이고 그러니 이제 에덴을 찾는 것은 불가능하고 어리석은 일이라고 생각하기에 이른 것이다. 그러므로 여기서 두 가지 잘못된 생각을 수

정해야 한다. 우선 홍수 대격변설에 대해서는서 앞에서 말한대로 적어도 메소포타미아 지역에서는 홍수 이전의 상태를 모를 정도의 대격변은 없었는다는 것이다. 왜냐면하 이미 그곳에서 출된토 수많은 홍수 이전 시대의 유물과 유적들이 그 증거가 되기 때문이다.

둘째로 구스 땅이 곧 에디오피아 나라라는 생각이 잘못된 것이었다. 이것은 기혼 강이 흐른 구스 땅을 찾는데 이제까지 결정적으로 혼선을 준 큰 원인이었다. 성경에서 구스(Cush)가 에디오피아(Ethiopia)로 표기된 것은 모세 훨씬 이후의 일로, 주전 3-2세기에 구약의 헬라어 번역 성경(칠십인역:Septuagint)이 만들어질 때이다. 주전 3세기 이전 그리스의 작가들은 검은 피부의 사람들을 '에디오피아인(Burnt-face)'이라 불렀으니[1]그 언어의 의미를 따른 것이다. 따라서 칠십인 역이 만들어질 때 히브리어 창2:13의 '구스'(히ש٦٦:Black)를 당연히 당시의 헬라어와 그 의미를 따라 에디오피아(헬Aἰθιοπίας)로 번역 표기한 것이었다. 그리고 칠십인 역을 재번역한 성경들도 자연스레 구스를 에디오피아로 번역하게 되었다. 그런데 문제는 사람들이 여기 '에디오피아'(Ethiopia)를 본래 헬라어 의미인 'Burnt-face'가 아닌 그 후 수백 년이 지나 생긴 에디오피아(Ethiopia) 나라의 국호로 생각하면서 구스(Cush:black) 땅을 지금의 에디오피아 나라 지역으로 한정해 잘못 사용함으로 기혼 강을 찾는데 혼선이 빚어진것이다(참고.헬Aἰθίοψ=αἴθω+ὤψ합성어/αἴθω:to burn,ὤψ:face/Burnt-face).

그런데 에디오피아가 구스의 후예들에 의해 세워진 것이 사실일지라도 그 왕국의 기원은 주전 10세기 경부터로 스스로 말해지니 솔론몬을 찾아갔던 시바의 여왕이 낳은 아이를 통해서라는 이야기가 전통적으로 전해져 내려왔다. 다시말해 에디오피아는 모세(주전 15세기)보다 천 년 이상이나 앞서 있던 함의 장자 구스가 직접 세운 나라가 아니라 모세 이후 구스의 후손들 일부에 의해 세워진 나라라는 것이다. 따라서 에디오피아가 구스인들이라고 하면 맞으나 구스인이 곧 에디오피아인 이라고 동일시하면 맞지 않는 것이다. 다른 곳에도 많은 구스인들이 살았기 때문에 구스 땅이 곧 에디오피아 인 것은 아니다. 구스 땅이란 명칭이 에디오피아라는 나라의 영역으로 제한되어서는 안 된다는 것이다. 부언하면 아프리카로 내려가 에디오피아를 세운 것은 대홍수 후 초기에 터키 동부 아라랏 산 지역에 살던 함의 아들 구스인 모두가 아니고 그 중의 한 부류일 뿐이다. 그리고 에디오피아 건국도 모세 이후 였다. 그렇다면 모세가 성경을 기록한 주전 15세기와 그 이전에 구스인들의 주된 땅은 아프리카가 아닌 다른 곳에 있었던 것이다.

그러면 그 때의 구스 땅은 어디였는가? 바벨탑 사건 후 언어의 혼란은 우리로 하여금 고대 세계에 대한 연구에 많은 어려움을 준다. 그 예로 고대 세계에는 구스(Cush, Kush) 또는 그와 유사한 이름을 가진 인종이나 지역들이 다수 있었다. 그래서 그와 관련된 주장들이 다양한데 그 중 대표적인 주장은 다음과 같다.

먼저 구스 땅을 코카시안(Caucasian)과 관련지을 수 있다는 것이다. 그 대표적인 사람으로 델리취를 들 수 있다. 그는 기혼 강이 흐른 구스는 당연히 후대의 구스나 에디오피아가 아니고 코카서스에 도달한 아시안 코카사이아와 연계된 것이라고 했다.[2]

그런가하면 데이비드 롤은 이란 북부의 타브리즈 북동쪽 에는 쿠쉬(Qusheh) 지역이 있고 해발 약 4000m의 쿠시 산이 있으며, 이 지역을 돌아 카스피 해로 흐르는 '아라스' 강은 오래 전에 '기혼-아라스'라고도 표기 되었다며 쿠쉬 땅에 대한 새로운 이론을 제시했다.[3]

또한 구스인을 카시트인(Kassites 또는 카스인/참고 Israelites ,Hamite, Semite)과 연계하는 사람들도 있다. 고든 웬함(Gordon J. Wenham) 은 기혼 강이 흐른 구스는 서부 이란의 구릉 지대에 익숙해 있던 고 바벨론 제국의 후계자들인 카시트인들(Kastian)을 의미하며 슈파이져와 봐인펠트도

구스 땅은 카시트인들의 땅으로 본다고 했다.[4)]

데렉 키드너(Derek Kidner)도 기혼 강이 흐르는 구스는 에디오피아에 있는 구스가 아니라 티그리스 동쪽 카스 족이 사는 땅으로 알려진 구스와 일치한다고 했다.[5)] 카시트인(카스인)들은[6)] 역사적으로 북부 메소포타미아 지역에 살다가 주전 16세기에 메소포타미아 남부로 이동하여 함무라비 왕조 이후 5-6세기 동안 바빌로니아를 지배한 민족으로 알려졌다.

이와 같이 오늘 날 구스 땅에 대한 일반적 주장들은 모두 에덴의 기혼 강과 관련된 구스 땅이 결코 아프리카의 에디오피아가 아니고 오히려 북부 메소포타미아나 그 북동부에 있었다고 말한다.

그러나 본서는 위 학자들의 견해를 수정, 보충하면서 기혼 강이 흐른 옛 구스 땅을 말하고자 한다. 구스 땅이 에디오피아가 아니라 메소포타미아 북부에 있었다는 것에 의견을 같이 하면서 성경 사건의 다른 정황 자료를 보충하여 성경이 말하는 기혼 강이 흘렀던 구스 땅의 위치를 구체화하고 그 결과로 기혼 강의 위치를 설명하고자 한다.

이 문제를 명쾌히 풀기 위해서 우리는 먼저 구스인들이 언제 어떻게 시작되었는지를 알아야 한다. 그 처음 뿌리부터 찾아가야 그 다음을 정확히 연결 할 수 있다. 특별히 모세가 성경을 기록한 주전 15세기 또는 그 이전 시대에 모세가 어떤 지역을 구스 땅이라 부를 만큼 구스인들이 번성하고 지배적 역할을 했었는지를 밝히는 것이 중요할 것이다.

우리는 성경에서 구스의 시작을 노아 홍수로 거슬러 올라가 볼 수 있다. 노아의 배에 승선했던 그 아들 함은 홍수 이후에 장자를 낳았으니 그가 구스였다. 그러니 구스는 그 시작이 터키 동부 아라랏 산 지역이었다. 그리고 시대적으로는 청동기 초기였다. 함의 아들 구스는 함의 장자로 아라랏 산 지역에서 태어나 그곳에서 자랐다. 그의 아버지 함은 노아의 포도주 사건에서 아버지를 수치스럽게 만들었으므로 저주를 받은 인물이었다. 그리고 후에 그의 장자인 구스가 낳은 자녀들 중에는 '반항자, 난폭자'라는 의미를 가진 '니므롯'도 있었으니 그는 힘센 사냥꾼으로 그 시대에 널리 알려진 자요 전쟁에 능해 수메르 지역의 바벨론, 아카드, 에렉(우르크)에서부터 북부 메소포타미아의 니느웨 지역까지 다스린 자로도 묘사되고 있다(창10:6-12).

여기서 우리는 함의 아들 구스의 가계에 흐르는 어떤 경향, 곧 공격적이며 신체적 힘의 우월함을 지닌 인자(DNA)를 엿볼 수 있다. 그래서 성경은 노아 홍수 이후 바벨탑의 시기에 가장 힘 있는 세력으로 구스의 아들 니므롯의 세계를 설명하고 있는 것이다. 다시 말해 구스의 자손들은 그 당시 메소포타미아 전역에서 가장 힘이 센 주도적 혈통이었음을 말해주고 있는 것이며 구스의 아들 니므롯이 메소포타미아 북부 니느웨 주변 지역까지 세력을 뻗친 것은 위에서 여러 학자들의 주장한 것처럼 구스인(Cushian)이 아라랏산 지역에서 시작하여 이란 북부의 쿠쉬(Qusheh) 지역이나 북부 메소포타미아의 카시트인(Kastian) 또는 흑해 연안의 코카시안(Caucasian)과 무관하지 않음을 알 수 있다. 이것은 또한 토기를 통해서도 설명되니 에덴 부근 지역들에 분포된 검은 빛깔의 토기들이 구스의 고향인 아라랏 산 주변의 검은 토기와 같음을 볼 때 그렇다. 이와 같이 구스의 자손과 니므롯에 관련된 이야기들은 아라랏 산 인근 지역과 메소포타미아 전역에서 찾아 볼 수 있는 것이다.

반 호수 옆에는 화산의 분출로 생성된 거대한 분화구의 높은 산 넴루드/니므롯(Mt. Nemrut)이 있다. 해발 2950m 높이의 이 웅장한 산의 정상에는 대단한 크기의 분화구(caldera)가 있는데 타원형 바닥의 크기가 27X18km에 이른다. 정상에서 분화구 호수면까지의 절벽이 600m에 이르는 부분도 있다. 터키에서 제일 크고 세계에서는 여섯 번째로 큰 곳이다. 그 안에는 거대한 분화구 호수들이 있다. 그런데 이 산의 이름이 넴루드/니므롯(Nemrut)이다. 니므롯은 터키인들에게 전설적 인물이다. 그들이 가진 이야기들 중에 니므롯은 주전 2100년경 이 지역을 다스렸으며 그 웅장한 산 정상 부분에 왕궁과 성을 짓고 살았기 때문에 이 산의 이름이 넴루드(니므롯)가 되었다는 것이다.

그런데 이 말이 성경적으로 전혀 근거가 없어 보이지는 않는다. 왜냐하면 성경에 니므롯은 구스의 아들로 본래 이곳에서 멀지 않은 지역에서 태어나고 살았으며 대홍수 후 세상의 처음 영걸이요 뛰어난 사냥꾼이 되었다고 말하고 있으니 이 지역에 그에 관한 이야기들이 남아 있는 것이 당연할 것이다. 그리고 그는 후에 뛰어난 힘과 지략으로 바벨론을 위시한 메소포타미아 남부의 도시들에서부터 이곳 니므롯 산에서 멀지 않은 북부 티그리스 강변의 니느웨까지 정복하고 그의 나라를 세웠다고 했으니 동부 터키인들에게 전승된 니므롯의 이야기들이 성경의 내용과 상당히 맥을 같이 함을 알 수 있다.

또한 이곳에서 서쪽으로 이동하면 본서가 말하는 에덴 지역의 바로 남쪽 산맥 높은 곳에 또 다른 넴루드/니므롯 산(Mt. Nemrut)이 있다. 말라티아(Malatya)와 카타(Kahta) 사이에 있는 이 산은 해발 2150m에 이르며 그 정상에는 주전 64-38년 사이에 이 지역에 있던 콤마게네(Comma-gene) 왕국의 왕이었던 안티오쿠스(Antiochus) 1세의 대형 무덤이 있다. 그 봉분의 바닥 지름이 152m, 높이가 무려 50m(본래는 60m)나 되는, 작은 돌들로 쌓인 거대한 원추형 무덤으로[7] 산 아래 멀리서도 그 모습이 보일 정도이다. 그 무덤 동, 서, 북쪽에는 거대한 테라스들이 있으며 동과 서의 테라스에는 파손된 헬라와 페르시아 신들의 석상들이 있고 그 사이에 안티오쿠스의 석상도 있어 그가 신들의 세계에 들어가 신처럼 숭배 받는 형태를 갖추고 있다. 아마도 그는 당시 전설적 영웅이며 지배자였던 니므롯같이 추앙받고 역사에 길이 남고 싶은 마음으로 이렇게 했는지도 모른다. 이 니므롯 산의 북쪽 지역에는 에덴동산이 있었고 산의 남쪽 아래로는 유프라테스 강과 고대 앗시리아인들이 말하는 에덴 족속이 살던 땅이 하란의 대평원과 함께 멀리 내려다보이는 곳이다(이사야 37:12).

그림 3. Nemrut 산의 정상 봉분, 해발 2150m

그림 4. Nemrut 산의 안티오쿠스 봉분 동쪽 테라스, 터키

그런데 여기서 남쪽으 로 내려와 처음 만나는 메소포타미아의 대평원 지역에 고대로부터 자리한 도시가 하나 있다. 주전 2500년 경 후리족에 의해 시작 되었다고 전해지는 고대 도시 우르파(Urfa, Sanliurfa)이다 . 욥과 관련한 유적지들이 있는 이 도시는 선지자의 도시라고도 불리어지는데 성경에 나오는 아브라함이 출생하고 자란 도시로 터키인들은 믿고 있다. 그리고 아브라함의 출생과 활동에 관련된 동굴과 연못이 있어 신성한 유적지로 숭배되고 있다 . 그런데 여기 아브라함과 관련된 전설 중에는 앗시리아 왕 니므롯에 관련된 이야기들도 남아있으며, 바로 성경에 나오는 니므롯이 이 도시의 건설자요 아브라함의 동굴 위쪽 높은 언덕에 자리한 웅장한 성채가 바로 니므롯의 왕좌였다고 전해 내려온다. 후에 이곳을 점령

한 알렉산더 대왕은 이 지역을 '에뎃사'(Edessa) 라고 명명했다. 이곳은
고대 마케도니아의 수도였고 네스토리우스교가 번성하였으며 시리아 성경
과 문학의 발생지이기도 했다. 성경의 아브라함이나 니므롯 모두 주전
2000년에서 3000년 사이의 인물들로 이와 같이 성경과 같은 시대의 이
지역에 구스의 아들 니므롯에 관한 전설이 성경 밖의 자료로 내려온다는
것이 흥미롭다.

그림 5. 아브라함 동굴 사원

그림 6. 니므롯 왕좌의 성채

창세기 10장은 노아의 세 아들 야벳, 함, 셈의 족보를 다루면서 그 자손들이 누구며 그들이 대략 어느 곳에 정착해 나갔는지를 말해주고 있다. 그런데 그것을 큰 그림으로 보면 노아 세 아들의 후손들 중 큰 무리가 터키 동부 아라랏 산 지역에서 서쪽으로 이동하여 메소포타미아와 아나톨리아가 만나는 가나안의 최상부, 지중해 동북 연안까지의 지역으로 이주하였다. 그리고 후에 야벳의 후예들은 더 서쪽 유럽대륙 방향으로 옮기며 바닷가의 땅에 머물렀고(창10:5), 셈의 후손들은 중동과 동쪽 땅으로, 함의 자녀 구스의 형제인 가나안은 팔레스틴 가나안 땅에, 미스라임과 붓은 점점 더 아래로 내려가 아프리카로 들어가 이집트와 리비아 등의 지역에 정착했다. 그러면 함의 자손 중 장자인 구스의 후손들은 주로 어디에 머물렀는가?

성경은 창세기 10장에서 구스의 아들 니므롯이 지배한 나라가 남부 메소포타미아의 바벨(론)에서 에렉(우르크)과 악갓(아카드) 그리고 북부까지 나아가 티그리스 강의 상류 지역인 니느웨와 갈라(님로드) 및 큰 성 레셉에까지 이르렀다고 말하고 있다. 그리고 성경은 다음 장인 11장에서 바벨탑 사건에 대해 연결하여 설명한다. 이에 대해 요세푸스를 비롯한 많은 학자들은 구스의 아들인 니므롯이 바벨탑을 쌓은 주동 인물일 것이라는데 동의하고 있다. 그런데 창세기 11장 서두에서 그들이 동방으로 옮기다가 시날 평지를 만나 거기 거류하며 바벨탑을 쌓기 시작했다고 했다. 그렇다면 그들이 동쪽으로 이동하여 바벨탑을 쌓기 전 본래 있던 지역은 바벨론에서부터 서쪽의 땅 어디에 있었던 것이다.

그러면 그들이 대홍수 후 터키의 북동부 아라랏 산 지역으로부터 서쪽으로 멀리 이동하여 1차적으로 머무른 본래 있던 땅은 바벨론보다도 서쪽에 있던 지역 어느 곳이었다. 지도를 통해 보면 그곳은 가나안의 중부이거나 북부 지역이 된다. 그런데 이 때는 대홍수 후, 시기적으로 아직 가나안 정착 이전이요 바벨탑으로 인한 인구 분산 이전이니 가나안 ˉ북부 지역이 된다. 이 문제에 대해 창세기 10장은 우리에게 힌트를 준다. 셈의 4대손 에벨은 두 아들이 있었는데 그 중 하나의 이름을 벨렉이라 하였으니 그 때에 세상이 나뉘었음이라고 성경은 말한다(창 10:25). 대부분의 학자들은 이 때가 바로 바벨탑 사건으로 사람들이 세상으로 흩어진 것을 말한다고 한다.

그렇다면 바벨 탑 사건 전 그들은 가나안 북쪽 에블라 왕국과 멀지 않은 곳에 모여 살았음을 시사해 준다. 에블라 왕국은 셈의 후손 중 대표적 인물이었던(창 10:21) 에벨의 자손들이 이룬 왕국으로 말해진다. 이곳을 발굴 한 페티나토는 에블라 왕들 이름 중 Ebrum이 있는데[8] 그는 성경의 Eber 일 수 있다고 했다. 나아가 Ebrum은 Eb-ri-um으로 읽혀질 수 있으며 이것은 'ibri, Hebew'가 될 수 있다고 했다.[9] 히브리어 'Eber'는 '건너 온 사람'의 의미로 '히브리'란 단어의 어원이 된다. 에블라인 역시 동쪽으로부터 강을 건너 온 사람들 이다. 음가로 보면 에블라(ebl)와 에베르(ebr)가 같아 보인다. 그리고 이 지역은 서쪽으로는 아나톨리아와 그리스를 경유하여 유럽으로 갈 수 있고, 남쪽으로는 가나안 땅과 아프리카로, 동쪽으로는 유프라테스 강을 끼고 있어 강을 따라 시날(수메르) 땅으로 이동하기에 편리한 곳이다.

고대인들에게 가장 좋은 이동 경로는 강 이었다. 물과 양식과 짐승들과 생활에 필요한 모든 것들이 보장된 경로이기 때문이다. 그래서 주전 2000년 경 믿음의 조상 아브라함의 이주 경로도 메소포타미아 남단 우르에서 유프라테스 강을 따라 올라가 바벨론, 마리를 거쳐 북쪽 하란으로 갔다고 본다. 그리고 이 강을 따라 난 길은 고대 세계에서 오랫동안 주요 대로로 사용되어졌었다.

　바로 이 유프라테스 강의 상류이며 하란의 서쪽 편 지역은 메소포타미아와 터키의 아나톨리아 그리고 가나안 땅이 만나는 비옥한 초승달 삼각 지역이다. 그래서 인류 초기 많은 사람들이 모여 살았던 유적과 유물들이

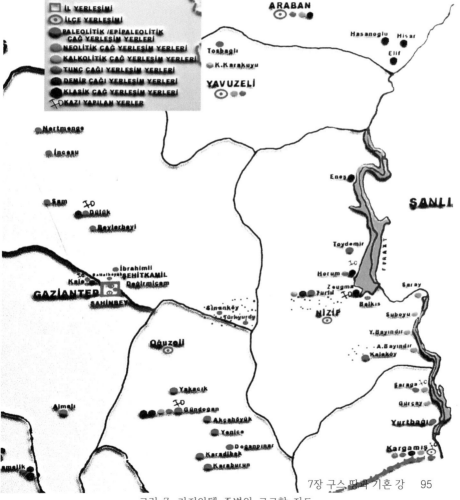

그림 7. 가지안텝 주변의 고고학 지도

이 지역 많은 곳에서 발굴되었다. 구석기와 신석기는 물론이거니와 청동기와 철기에 이르는 수많은 유적지들이 군락을 이루고 있으며 찬란한 문명을 이룬 고대 도시 왕국들 하란, 에블라, 우가리트, 비블로스 등이 인근에 모여 있다.

이 지역은 대홍수 후 바벨탑을 세우기 전 셈, 함, 야벳의 많은 무리들이 함께 모여 살았던 곳이었다. 특히 에블라는 주전 2350년 이전에 메소포타미아와 가나안 전 지역에 약 260여개 도시와 외교 무역관계를 이루었으며 약 26만명이 살았다고 한다.10) 왕실 서고에서 출토된 2만 개 이상의 점토판에는 성경에도 등장하는 고대 도시와 왕국들의 이름이 나열되어 있다.11)

그림 8. 에블라 왕궁 터, 시리아 북부

그림 9. 고대 우가리트 유적지, 시리아

또한 우가리트는 함의 후손인 가나안인들의 청동기 유적지로 유명한 곳이다. 그러면 이들 노아의 후손들은 왜 먼 동쪽의 아라랏 지역 곧 대홍수의 심판 속에서도 구원받고 하나님의 인도하심을 받아 도착했던 땅이요, 하늘의 무지개를 보고 하나님의 음성을 들었던 거룩한 땅이며, 산 아래에는 비옥한 대 평원이 펼쳐져 구원받은 모든 생명체들이 다시 번성할 수 있도록 축복받은 이 특별한 지역을 떠났을까?

필자가 여러 차례 둘러 본 이 지역은 초기 에덴 주변 지역 못지않게 대홍수 후 모든 생명체들이 생육하고 번성할 수 있도록 하나님께서 예비해주신 기름진 대평원이 산과 강으로 어우러진 아름다운 곳이었다. 그런데 많은 무리가 왜 이 기념비적인 아라랏 땅을 떠나 다시 서쪽 멀리까지 이동하여 모여 왔을까? 장거리 이동이 수월한 시기가 아니었는데 그것도 해 뜨는 동쪽이나 따뜻한 남쪽으로의 이동이 아니고, 어쩌면 대홍수 전에 어느 정도의 문명 공동체를 이루었을지도 모르는 메소포타미아 남쪽의 지역을 찾아서 이동한 것도 아니고, 왜 쉽지 않은 산악 지대를 가로 지르며 멀리 서쪽으로 이동했을까? 궁금증을 자아낸다.

그런데 그 이유를 찾는 것이 중요한 일이다. 왜냐하면 그것이 에덴동산의 위치를 찾는데 중요한 단서를 줄 수도 있기 때문이다. 다시 말하면 그 서쪽 지역이 바로 대홍수가 일어나기 전 에덴에 가까이 살던 그들의 고향일 수 있기 때문이다. 이러한 주장은 이어지는 장들에서 충분히 설명하게 될 것이다. 아담, 셋, 에노스, 에녹의 신앙을 이어받은 의로운 노아의 가계는 대홍수 이전 하나님께서 남겨 놓으셨던 에덴의 주변 지역에서 살았을 가능성이 큰 것이다. 필자가 노아의 방주가 머물렀던 아라랏 산을 찾아갔을 때 유사한 경험을 하였다. 산기슭에서 만난 서너 명의 순박한 농부는 자신들이 수천 년 전부터 조상 대대로 그 땅에서 농사를 지으며 그 땅을 지켜왔다고 했다. 왜냐하면 자신들의 조상인 노아가 그 지역에서 농사를 지으며 사셨기 때문이라는 것이었다. 자신들은 조상의 땅을 떠나지 않고 지키며 산다고 했다. 마치 우리도 우리 조상들이 살아오신 조국의 땅을 떠나지 않고 수천 년을 살아온 것처럼 말이다. 그리고 실제로 노아가 대단히 큰 방주를 만들 때 필요했던 나무들은 남쪽 수메르 지역에선 구하기 어려웠을 것이며 에덴동산이 있던 북부 산악 지대라야 가능했을 것이다. 길가메쉬 서사시에서도 그가 찾아 나섰던 낙원(딜문)은 일곱 개의 산맥과 삼나무 숲을 넘어 있었다. 그 산맥과 숲은 메소포타미아 남쪽의 평야지대가 아니었다.

그림 10. 자칭 노아의 후손이라는 아라랏 산의 농부, 터키 동부

홍수심판 때에 방주를 타고 멀리 동북쪽 아라랏 산까지 간 노아의 후손들은 대홍수 후 시간이 흐르며 번성했고 그들 중 일단의 큰 무리는 다시 옛 고향 에덴을 찾아 서쪽으로 옮겨갔을 것이다. 그리고 이때 특이한 사냥꾼 니므롯 같은 힘센 구스의 아들들이 중심이 되고 그 세를 키워나갔으니 당시 아라랏 지역에서 대량 출토된 검은색의 토기들의 발견과 그 이동이 증거물로 제시되는 것이다(뒤에서 더 설명됨). 우리도 만일 큰 홍수로 멀리 떠내려갔다가 살아남았다면 고향 집과 산천들이 어떻게 되었나 다시 찾아가지 않겠는가? 거기다 조상 적부터 전해진 에덴 같은 귀중한 유산들이 고향에 남아 있었다면 더더욱 그리할 것이다.

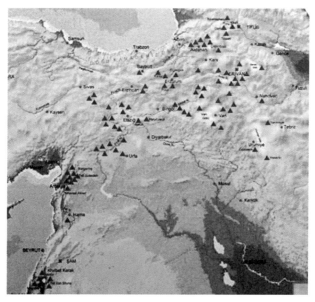

그림 11. 흑토기의 주 이동 경로, 동북에서 서남 가나안으로

하나님께서는 에덴동산을 노아 대홍수 때까지 오랫동안 지상에 그대로 남겨 두어 초기 인류에게 창조주 하나님에 대한 신앙의 증거로 삼게 하셨다. 따라서 아담과 셋, 에노스, 에녹, 노아에 이르는 신앙의 계보는 하나님에 의해 시작되었던 지성소와 같은 인류의 요람인 에덴을 등지고 멀리 가서 그대로 머무르기 쉽지 않았을 것이다. 가인처럼 무서운 죄를 지은 사람은 동쪽으로 멀리 피해 갔어야 했지만 말이다. 하나님께서 신비한 모습의 그룹 천사와 빙빙 도는 화염검을 두어 에덴동산의 길을 지키게 하시기까지 소중히 보전하신 그 에덴을 버려두고, 신앙의 계보를 이어온 의로운 노아의 가계가 멀리 동쪽 아라랏으로 가서 그냥 거기서 주저앉아 살 수는 없었을 것이다. 그래서 그들 중의 큰 무리가 다시 대홍수 전의 고향인 서쪽의 에덴 지역으로 찾아갔을 것이다. 그래서인가 서쪽 하란 가까이의 괴베클리 유적지나 카흐라만마라쉬 주변의 유적지에서 터키 동부 지역의 흑요석 도구들이 발견된 것은 우연이 아니다. 그리고 근자의 발굴 조사에 의하면 검은 토기 등 아라랏 지역의 Kura-Arxes 문화의 흔적이 서쪽으로 이동하였고 특별히 엘라즈 주변 즉 본서가 말하는 에덴의 강가 지역에 크게 밀집되어 있었던 것이 밝혀짐으로써[12] 본서의 에덴의 위치에 대한 주장을 뒷받침해주고 있다.

그림 12. 왼쪽 에덴의 땅 주변에 밀집한 검은 점의 Kura-Arxes 유물 출토지들(by Mitchell S. Rothman)

또한 앗시리아의 왕 산헤립이 히스기야 왕 재직시 예루살렘을 공격하면서 협박한 말 속에는 본서가 제시하는 에덴 지역의 아래에 펼쳐진 메소포타미아 북부의 대평원에 에덴의 후손들이 살았었다고 다음과 같이 말했다.

나의 열조가 멸하신 열방 고산(할라프)과 하란과 레셉과 및 들라살에 거하는 에덴 자손을 그 나라 신들이 건졌더냐 (사 37:12)[13]

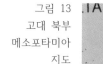
그림 13
고대 북부
메소포타미아
지도

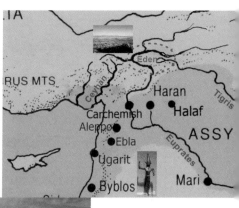

그림 14 에덴의 자손들이 살던 고산(할라프)의 유물 출토지들, 주전 오천년 전후의 채색문양 토기를 비롯해 고대문명의 다양한 시대 유물들 출토, 북이스라엘의 유배지이기도 했음, 시리아 북부

그림 15. 아브라함의 제 2 고향 하란 유적지, 터키 동남부

그런데 여기 에덴의 자손들이 살던 지역은 바로 본서가 말하는 에덴에서 가까운 지역이며 대홍수 후 서쪽으로 이동한 구스의 아들 니므롯에 대한 이야기들과 이름을 그대로 간직한 니므롯/넴루드(Nemrut) 산과 우르파 도시가 인접한 곳이다. 그리고 아브라함의 제 2의 고향 하란이 바로 우르파의 남쪽 가까이 있다.

그리고 최근에 발굴된 인류 최초의 산상 예배 성소들이 있는 거석 유적지 괴베클리(Geobekli)도 바로 이 지역인 것이다. 그러나 대홍수 후 다시 찾아온 그들의 고향 땅 에덴 주변 지역은 모든 것이 변하여 없어지고 파괴되었다. 최근 이 지역에 대한 지질구조 연구에 의하면 화산에 의해 만들어진 화산암과 화강암들이 그 땅의 중앙부에서 남북으로 형성되어 있고[14] 서쪽 지역은 산과 구릉의 험한 지역임을 확인할 수 있었다.

그 지역은 더 이상 그들에게 특별한 곳이 아니었다. 이제 그들이 거기에

성경N메소포타미아 유물관

BARA

그림 16. 괴베클리
유적지, 터키 동남부

그림 17. 에덴 서쪽
외곽 지역을 흐르는
유프라테스 강, 케반
근교, 터키 동부

머물러 있어야 할 이유가 없어진 것이다. 그래서 홍수 후의 인구 번성을
설명한 창세기 10장, 족보 장은 뒤이어 11장이 시작되면서 바로 서쪽에

있던 큰 무리가 동편으로 이동하다 시날 땅을 만나 바벨탑을 쌓게 된 경위를 설명하는 것이다. 그리고 바벨탑 사건 후 언어 혼란과 함께 다시 정착할 새로운 땅을 찾아 삼삼오오 흩어져 나아간 것이다. 창세기 10장에 종합된 노아 세 아들의 족보와 그들의 이주 및 정착에 대한 기록을 보면 본서가 말하는 기혼 강의 지역을 중심으로 야벳의 주된 계열은 지중해변을 따라 서쪽 유럽으로, 셈의 계열은 남쪽과 동쪽 아시아로 나아갔다. 반면 함의 계열은 점점 이 땅의 주도권을 잡게 되어 가나안의 아들 헷 족속이 서쪽의 아나톨리아를, 그리고 장자 시돈과 다른 가나안의 자손들이 남쪽 가나안 지역을 차지한다. 함의 다른 아들 미스라임과 붓은 아프리카로 들어가 이집트와 리비아 등을 이루게 된다.

그러나 누구보다도 강력한 힘과 용맹을 지닌 특이한 사냥꾼이었던 함의 장자 구스의 아들, 니므롯은 메소포타미아의 드넓은 지역 곧 남쪽의 바벨(바벨론), 에렉(우르크), 악갓(아카드)에서 다시 북쪽 니느웨에 이르는 거대한 지역을 차지한 것이다. 수메르어 연구가 Ed Peter는 언어 분석을 통해 당시 수메르의 영웅 길가메쉬와 많은 수메르인들이 검은 머리의 흑인들이었다고 주장하기도 한다.15) 이것은 구스의 검은색 DNA를 받은 니므롯의 후예들 중에는 검은 피부의 사람들이 나타날 수 있었기 때문에 묘한 일치를 보여준다고 할 수 있다.

본래 수메르 인들은 자신들을 가리켜 '검은 머리의 사람들'(black head-ed ones)이라고 지칭했다. 특별히 수메르 문명의 마지막 전성기를 이루었던 왕 술기(shulgi)는 자신을 가리켜 '(세상) 사방을 통치하는 왕, 검은 머리 사람들의 제사장(pastor)'이라고 표현했으며16) 많은 신전들을 건축했던 라가쉬의 왕 구데아(Gudea) 왕의 조상들은 검은 돌로 만들어졌다.

그림 18 검은 머리의
수메르인 상,
함무라비(좌),구데아(우)
루브르

구스인들은 니므롯과 같은 혈통으로 기골이 장대하고 강한 이들이 많았던 것 같다. 그래서 메소포타미아 지역 사방으로 퍼져 나가며 곳곳에 구스(쿠쉬)와 관련된 많은 이름을 남겼다. 메소포타미아를 넘어 이란 남부와 북부에도 쿠쉬란 이름의 지역이 있다. 심지어는 히말라야 산맥 서쪽으로 아프카니스탄 북동부와 파키스탄 북부에 이르는 거대한 산맥의 이름도 힌두쿠쉬이다. 아프리카 대륙의 이집트 왕조도 한때 구스의 후예인 누비아인들에 의해 통치되었다. 그리고 구스의 계열은 강한 정복자들로 사방으로 퍼져 나갔으니 그중에 여러 학자들이 구스인으로 언급한 카스 또는 카시트인들(Kassites)이 북부 메소포타미아를 거점으로 융성하였고 점점 남하하여 함무라비 왕조의 고 바빌로니아 붕괴 이후 주전 17-12세기 중반 사이에는 고대 바벨론을 통치하기도 했다. 또한 후에 신바빌로니아를 세운 갈대아인을 히브리 성경은 카스딤(Kasdim) 곧 카스인들로 표기했다. 종합하여 보면 노아 대홍수 후 초기의 메소포타미아와 가나안의 북쪽 지역은 바로 구스 자손들의 땅이었던 것이다.

그리고 이러한 사실을 보충 설명해주는 것으로 보이는 지도가 베를린의 고대 근동 아시아 박물관에 걸려 있다. 고대 근동 지역을 보여주는 이 지도에는 메소포타미아 북부의 전 지역-서쪽으로는 터키의 제이한 강 유역에서 동으로 반 호수와 이란의 우르미예에 이르는 메소포타미아 북부의 광할한 지역의 이름을 Subartu(Subartum:아카드어)로 표기하고 있다.

수메르어로는 Subar라고도 표기하는 이 이름들은 '엔메르카르와 아라타의 주' 서사시나 아카드의 왕 사르곤과 나람신 그리고 함무라비 왕의 비문에 이르기까지 곳곳에 나타난다. 아카드 제국(주전 2350-2150년경) 당시 이 단어는 방향을 나타내는 중요한 단어로도 사용되었으니 Martu는 서쪽, Elam은 동쪽, Sumer는 남쪽 그리고 Subartu는 북쪽을 지칭하는 단어로도 사용되었다.[17] 여기 동, 서, 남쪽을 지칭한 세 단어들이 모두 다 그 지역을 다스린 민족이나 나라 및 땅과 연관되어 있듯이 북쪽의 Subartu도 그렇다고 볼 수 있다. 그러나 청동기 초기의 오래전 시기에 이러한 이름이 어디서 어떻게 나타났는지 아직 확실한 답이 없다.

그림 19. 고대 근동 지도, Sugartu 지역, 베를린 국립박물관

그런데 이것을 성경과 연계하여 살펴보면 어떤 힌트가 보인다. 왜냐하면 이 지역은 바로 비슷한 시기에 그 지역으로 이동하고 지배한 그룹의 이름과 유사하기 때문이다. 대홍수 후 아라랏 지역에서 서쪽으로 이동한 무리들 속에는 영웅적 인물 구스의 아들 니므롯을 포함하여 힘 있는 구스의 가계가 있었다. 검은 피부를 가진 이들이 많았던 그들은 검은색의 독특한 토기들을 만들어 사용하고 곳곳에 남겨서 그 이동 경로를 오늘날 우리에게 잘 보여주고 있다. 그런데 성경에 기록된(창 10:7) 구스의 아들들의 이름을 보면 스바(Seba)와 삽다(Sabta)가 나온다. 그런데 아브라함은 수메르어와 아카드어(동부 셈어)를 함께 사용하던 시기에 살았고 그 후손인 히브리인들이 가진 언어(서부 셈어)는 수메르어의 u 모음을 e 모음으로 나타내는 경향이 있었다. 또한 수메르어에는 어말 탈락자음도 있었다. 예를 들면 '신'(god)을 나타내는 단어 'dingir'는 'dingi'로 발음되었다. 그래서 S. Kramer는 포이벨(Arno Poebel)의 주장대로 동부 셈어인 '수메르'(Sumer)란 단어가 서부 셈어인 히브리어로는 '쉐메르'(Shemer)가 되고 다시 '쉠'(Shem :셈)으로 변화된다고 했다.18) 그러면 수메르어 Su-bar 역시 Subar-Sebar-Seba가 된다. 그렇다면 청동기 초기 메소포타미아 북부를 지배한 Subar는 구스의 아들 Seba가 되는 것이다. 또한 고대 우가리트어(서부 셈어)에서 Subar를 Sbr로 표기했던 것처럼 Subartu와 구스의 다른 아들 Sabta의 자음 어근을 비교해 보면 Sb(r)t-Sbt의 유사성이 있다.

구스의 후손들이 이렇게 큰 세력을 이루며 메소포타미아 북부에서 지중해까지 이르는 지역에 살았다면 그 중 '구스'라는 이름대로 검은 피부색의 우성인자를 가진 구스의 자녀들이 주로 이주하여 정착한 곳이 아프리카요 특히 그 주축 세력이 고대 누비아와 에디오피아를 이룬 것으로 볼 수 있다. 하지만 여전히 아라랏 산 주변 지역에 남아있던 구스의 후손들 중에도 검은 피부의 유전인자를 지닌 이들이 있어 주전 5세기에 헤로도토스는 아라랏 지역 북쪽의 콜키스인들을 피부색이 검은 이집트인들로 기술했던 것으로 보인다.

그런데 구스가 검은 피부를 가졌다고 해서 그 자녀들이 다 검은 것은 아니다. 구스가 최초로 검은 사람이었다면 검지 않은 피부를 가진 아내를 통해 낳은 자녀들 중에는 피부색이 검은 이들도 있고 아닌 자녀들도 있었을 것이다. 메소포타미아의 북부 Subartu 지역이나 니므롯이 세운 메소포타미아 지역들은 에디오피아(의미:sunburnt)인들과는 다른 구스의 자녀들이었다.

그렇다면 이미 상술한 유력한 학자들의 주장과 본서가 제시한 자료들을 볼 때, 모세가 에덴의 기혼 강과 함께 언급한 주전 15세기 이전의 구스인들의 주무대가 된 땅은 아프리카가 아닌 가나안 북부 지역에서 북부 메소포타미아를 아우르는 지역이었던 것이다. 그리고 그 중에서도 대홍수 후 초기의 중요한 구스 땅은 구스의 아들 니므롯을 중심으로 한 무리들이 동방의 시날 땅으로 이동하기 전의 서쪽 지역이니 가나안 북부와 메소포타미아의 서북부가 만나는 곳으로 본서에서는 이곳 Subar의 서쪽을 구스땅의 기혼 지역으로 부른다.

그리고 이러한 본서의 주장을 뒷받침해주는 그 시대의 중요한 토기들이 발굴되었는데, 노아 홍수 후 아라랏 산 지역에서 서쪽의 기혼 지역으로 일단의 무리들이 옮겨 온 흔적이 당시의 토기들 속에 나타나 있는 것이다. 특별히 구스인들이 그 공동체 안에서 영향력 있음을 보여주는 흔적이 담겨있어 흥미롭다. 인류 초기 고대인들이 만든 토기들은 대부분 황토 흙의 색깔 그대로였다. 그러나 청동기 초기 아라랏 산 지역에서부터 검은색을 칠한 특별한 토기들이 나타나기 시작한다. 완전히 검거나 또는 검은색이 많이 들어간 새로운 모습의 토기들이다. 그리고 이 토기들은 서서히 서쪽으로 이동하여 기혼 지역에 이르며 가나안 지역으로도 옮겨 간다. 검은 토기의 얼마는 코카서스와 아나톨리아 쪽으로도 퍼진다.

그림 20. 청동 전기, 말라티야 박물관

왜 갑자기, 어떠한 이유에서 이러한 검은색의 토기들이 출현했을까? 그리고 왜 그 무리들이 서쪽 방향으로 멀리까지 이동하여 갔을까? 궁금하다. 미스테리이다. 이제까지 많은 학자들이 연구해 왔지만 그 이유가 정확히 밝혀지지 않고 있다. 물론 토기를 굽는 방법과 기술의 변화가 그러한 결과를 가져올 수도 있지만 당시 사람들이 이러한 검은 토기를 선호하고 주도적 색깔로 수용했다는 인류 문화사적 동기가 더 중요해 보인다. 그런데 이것은 성경 외의 자료들만 가지고는 이제까지 해석이 안 되는 부분이었다. 그러나 때때로 고대사의 엉뚱한 부분에서 성경이 힌트를 준다.

우리는 이 특별한 현상을 구스와 연관을 지어 생각해 볼 수 있다. 고대인들은 이름을 지을 때 종종 그 사물 또는 사람의 특징이나 특별한 사건의 의미를 가지고 지었다. 노아의 아들 함은 첫 아들을 낳았을 때 당황스러웠다. 왜냐하면 그 아들의 피부색이 달랐기 때문이었다. 어둡고 거친 검은색 피부였다. 함은 당혹스러웠겠지만 그 아이의 특징을 따라 이름을 '구스'(Cush)라 했으니 수메르어로 '쿠'(ku_{10}=gi_6=gig_2)는 'black, dark, night, shade'의 의미이며[19] '쿠스'(Kus, Kush)는 'skin, animal hide, leather'의 의미를 가진다.[20] 그리고 히브리어 성경에서 Cush는 역시 black의 의미를 가진다.[21] 다시 말해 구스는 거칠고 검은 피부를 가진 아이로 태어난 것이다.

그래서 주전 7-6세기에 활동한 선지자 예례미야는 '구스인이 그 피부를, 표범이 그 반점을 변할 수 있느뇨 할 수 있을진대 악에 익숙한 너희도 선을 행할 수 있으리라'(렘 13:23)고 했다. 즉 구스인의 피부가 표범의 반점처럼 변개할 수 없는 검은 빛깔임을 말해주고 있다. 또한 구스의 후손들 일부가 에디오피아를 세우게 되었는데 에디오피아의 뜻은 '햇볕에 그을어 탄'(sunburnt)의 의미를 가지고 있어 아프리카로 내려온 구스인들의 피부가 검었음을 설명해주고 있는 것이다.

함의 장자인 구스의 피부가 검은색을 가진 후로 검은 피부의 구스인들이 많이 나타났고 니므롯 같은 구스의 아들들이 홍수 이후 세계에서 주도세력을 이루었기에 그들은 생활 속에서 자연히 검은 빛과 친근하게 되었고, 검은 빛의 토기들을 선호하게 된 것이다.

그리고 검은 색의 피부를 가지고 검은 빛의 토기를 만들어 사용하던 아라랏 지역의 구스인을 포함한 노아 자손의 주된 무리들은 에덴이 있던 방향인 서쪽으로 이동하여 옛 에덴의 주변 지역으로 모인 것이다. 사라진 에덴의 모습을 확인한 그들 중의 힘있는 무리는 영웅적 힘과 기개를 지닌 구스의 아들 니므롯을 중심으로 유프라테스 강을 따라 동으로 이동하다 시날 땅의 바벨에 이르렀고 함과 구스의 피를 이어받은 니므롯의 주동하에 하나님의 뜻에 반하는 거대한 바벨탑을 세우려 했던 것이다. 이때 셈의 4대 손 에벨을 중심으로 한 무리들은 구 에덴의 서남쪽 기혼 지역에서 에블라 왕국을 세웠으며 에벨의 아들 벨렉 때에 (바벨탑 사건으로) 세상이 나뉘었다고 성경은 말해주는 것이다(창 11장). 그리고 구스의 형제 미스라임의 후손들은 아프리카 대륙으로 들어가 나일 강 지역에 퍼지며 고대 이집트 왕국을 세우고 거대한 피라미드 탑들도 건축한 것이다. 고대 이집트 최초의 피라미드인 사카라의 피라미드도 메소포타미아 지역의 지그랏처럼 계단식 탑이었다. 노아의 대홍수 후 아라랏 산 지역에서 검은 색의 토기를 사용하며 서쪽의 에덴과 기혼의 지역으로 이동한 무리 중 검은 피부의 구스인들은 결국 기혼 강을 찾아주는 열쇠가 되었다. 그리고 검은 색깔의 토기는 가나안을 거쳐 아프리카로 들어감으로써 또 다른 구스 후손들의 이동 경로도 밝혀주는 것이다.

그래서 역사의 시간이 오래 경과되어 오늘에 이르기까지 구스인의 영향력이 크게 미쳤던 아나톨리아나 메소포타미아 주변 지역에서는 토기만이 아니라 건축물에서도 검은색은 위엄 있고 신성한 의미를 주는 색으로 자리 잡아 신전이나 왕과 귀족 또는 관공서의 건물을 지을 때도 전체 또는 중심의 일부에 검은 돌이나 검은 대리석이 사용되고 있다. 그리고 검다는 터키어 단어 'kara'도 색과 상관없이 특별한 의미를 더하는 말로 오늘날까지 터키 전역에서 사용되어지고 있는데, 예를 들면 흑해(Black Sea/ Kara+ deniz)나 독수리(Kara+kush)는 색이 검어서 만들어진 이름이 아니라 그 규모나 활동의 범위에 있어 비범한 위용과 지배적 의미를 더해주는 이름들인 것이다. 수도 이름 앙카라(An+kara) 역시 그렇다.

그런데 이러한 배경 하에서 성경은 더욱 명확하게 기혼 강의 구스 땅에 대한 답을 주고 있다. 주전 15세기 모세가 창세기의 에덴을 기록할 때 사용한 구스 땅은 같은 시대에 일어났던 성경의 다른 사건에서도 구스인들이 살던 땅으로 언급된 것을 찾아 볼 수 있다.

모세 사후 수십 년이 지난 시기에 첫 번째 사사가 된 옷니엘이 당시 이스라엘 민족을 침략하고 노략하며 괴롭히던 메소포타미아의 왕 구산 리사다임(삿 3:8)을 물리쳤는데, 여기서 사용된 '메소포타미아'는 히브리어 성경에서는 'Aram-naharaim'으로 표기 되었으니 이 말은 'Aram of rivers'의 의미이다. 다시 말해 이 메소포타미아는 남부 수메르 지역이 아닌 유프라테스 강 상류 지역인 북부 하란 주변의 아람 지역(between the Euphates and Balih rivers)을 말한다. 그리고 그 땅에 살면서 그 땅을 지배하던 왕의 이름은 '구산 리사다임(Cushan-rishathaim)'인데 여기 '구산(Cushan)'이란 단어는 '구스인'을 일컫는 말로 이 지역은 구스인들이 살면서 다스린 구스인들의 땅이었다. 따라서 모세가 기혼 강의 구스 땅을 성경에 기록할 당시의 가장 확실한 성경 상의 구스 땅은 북 이란이나 코카서스 또는 에디오피아 지역의 구스가 아니라 구스의 장손 스바(Seba)가 다스린 북부 메소포타미아 Subar/ Subartu의 서쪽 지역으로, 특히 아람 땅이 속한 가나안 북부와 아나톨리아와 메소포타미아가 만나는 지역이었던 것이다.

(3) 기혼 강

이제까지 구스 땅을 찾았으니 지금부터는 그 땅에 흐르는 기혼 강을 찾아야 한다. 그래야 우리는 목표한 에덴동산으로 갈 수가 있다. 구스 땅을 찾았으니 기혼 강을 찾는 것은 그리 어려울 것 같지는 않다. 그러나 모른다. 가봐야 안다.

우리는 그동안 대홍수 후의 여러 구스 땅을 살펴보았고 그중에서 모세 시대에 성경과 근동 역사가 말하는 구스 땅이 대략 어디인지를 확인하였다. 그렇다면 어떤 이들이 주장하는 터키 동부에서 이란 북부를 거쳐 카스피 해로 들어가는 아라스 강은 구스 땅을 흐른 기혼 강과는 거리가 멀다는 것을 알 수 있다. 실제로 기혼(아랍어 Jihon/Jayhon)이라는 말이 아랍 시대에 여러 큰 강들에 붙여져 사용되었다고 한다.[22] 예를 들면 중앙아시아에서 가장 길고 큰 강인 아무 다리야(Amu Darya)도 중세 아랍인들에게 Jaihun이라 불렸다.[23] 그러므로 데이비드 롤이 말한 기혼-아라스라는 강 이름이 있었다고 해서 아라스 강이 꼭 에덴에서 흐른 기혼 강이라고 말 할 수는 없는 것이다. 오히려 '큰 강 아라스'라고 말할 수 있다.

그러면 또 다른 지역에 남아있는 기혼이란 이름이 있는가? 성경의 에덴과 관련지을 만한 자연적, 역사적 환경을 가진 기혼의 강이 있을까? 이제까지 당연히 없는 것으로 여겨졌다. 그리고 없을 것이라고 생각했다. 그런데 아니다. 있다. 놀랍게도 남아있다. 그것도 본서가 이제까지 설명한 모세 시대의 구스인의 땅 기혼 지역에 흐르는 강이다. 그런데 왜 이제까지 누구도 이것에 대해 말하지 않았을까? 그 답은 이제까지 이 글을 읽어 온 독자들이 내릴 수 있을 것 같다.

이제 에덴에서 흘러내린 두 번째 강 기혼을 찾아 나서자. 성경의 기록에 에덴에서 강물이 네 개로 나뉘어 흘렀다는 말씀은 에덴의 땅을 찾는데 상당히 중요한 힌트를 준다. 성경에서 4라는 숫자는 종종 세상 사방을 상징하여 사용된다. 따라서 에덴의 물이 네 개로 나뉘어 흘렀다는 말은 이미 앞에서 설명한 바와 같이 세상 사방 전체를 향해 하나님의 사랑과 축복이 전해지는 것이라고 해석된다.

그렇다면 에덴에서 흘러내린 강물은 그 방향이 정확하지는 않더라도 대략 지상의 네 방향을 향해 흐른다고 볼 수 있다. 이것은 단순한 추리가 아니며, 인류 초기의 토기들 속에 물이 사방 곧 네 갈래로 나뉘어 퍼지는 모습들의 근거를 가지고 말하는 것이다. 그럴 때, 뒤에 자세히 설명되겠지만, 에덴을 중심으로 시작된 네 강의 시작 방향이 비손 강은 북쪽으로, 유프라테스 강은 남쪽으로, 티그리스는 동쪽으로 나머지 기혼 강은 서쪽으로 흐를 수 있는 것이다.

그런데 기혼 강은 구스 땅을 흘렀다고 했다. 이미 앞에서 살펴본 대로 초기 구스인들의 중심세력은 아라랏 산 지경에서 서쪽으로 이동하며 에덴이 있던 자리까지 와서 검은 색의 토기들을 남기고 시날 땅으로 내려갔다. 초기 이들이 모여 살던 메소포타미아 북부와 아나톨리아가 교차하는 지역에 고대로부터 현재까지 유구히 흐르는 강이 있으니 그 이름은 터키어로 제이한(Ceyhan) 강이다. 이 강은 본서에서 말하는 에덴 지역인 메소포타미아 북부 산악 지대의 유프라테스 강에서 나뉘어 서쪽으로 흐르다가 현재는 타우루스 산맥으로 중간 일부분이 끊어져 있지만 산맥 반대 방향에서 다시 흘러내린 물줄기는 산맥을 굽이굽이 돌아 큰 강을 이루고 주변을 적시다가 하류에 대평원을 만들면서 지중해로 흘러 들어간다.

그리고 이 평원과 주변 지역에는 고대의 유명한 도시들이 자리 잡고 있으며 또한 이 강 곳곳에서 인류 초기 선사시대의 많은 유물들이 출토되었다. 이 강의 터키식 이름 제이한(Çeyhan)은 기혼(Gihon)과 상당히 유사함을 볼 수 있다. 이름의 자음 'c(j) h n'은 기혼의 자음 'g h n'과 거의 같다. 고대어들은 그 전래 과정에서 모음의 변화와 함께 k(c)와 g, b와 p, d와 t는 자주 변환되어 사용되었다. 그렇다면 여기서 c(j)-g의 변환을 생각하면 이름이 기혼과 같아진다.

그림 21. 타우루스 산맥 사이를 흐르는 제이한 강과 댐, 터키 동부

그림 22. 제이한과 세이한 강의 델타 지역 터키 동남부

그리고 중세 이슬람 문헌에서 Gihon을 Jihon/ Jayhon으로 표기했고 중세 이슬람 작가들은 Jihon / Jayhon(Amu Darya)을 터키의 Çeyhun (Jayhun) 과 동일시했다.[24] 본래 터키어의 Çeyhun(Jayhun)은 페르시아어의 Jihon 또는 Zhihon에서 파생된 것으로[25] 지금의 Çeyhan 강을 일컫는 말이다. 그러므로 페르시아어 및 중세 이슬람어와 관련된 터키의 Çeyhan (Jayhun) 강은 그 이름이 어원적으로 성경의 Gihon 강과 연결되어 있는 것이다.

오늘날 Çeyhan 강의 상류는 타우루스 산맥의 동쪽 끝 부분으로 유프라테스 강의 서쪽 상류와 인접해 있는데, 본래 유프라테스 강의 상류에서 서쪽과 서남쪽으로 갈라져 나온 강줄기들과 연결되어 있었던 것으로 보인다. 실제로 이 지역에는 서남쪽으로 길게 충적암이 형성되어 있어(그림25)[26] 과거 오랜 기간 이곳으로 큰 강물이 흐르고 있었으나 대홍수로 인한 지형적 변화로 그 흐름이 산맥 위에서 단절, 변화된 것으로 파악된다.

림 23-4. 유프라테스 강에서 서쪽으로 나누어지는 강줄기, 공중모습

그림 25 유프라테스 강 서남쪽의 충적토 지역, Alluvial deposits(by Ilkay Kuscu외)

이 지역은 본서가 말하는 에덴 지역과 연결된 곳으로 지질학적으로 아라비아판과 유라시아판이 만나는 곳이며, 동 아나톨리아 단층이 서로 밀고 충돌하는 곳으로 대홍수 격변의 영향이 컸던 곳이다(그림 26)[27]. 근자의 지질학적 연구에 의하면 이 지역에만 14개의 단층들이 있어 상하좌우로 밀고 밀린 흔적들을 볼 수 있다(그림 27)[28].

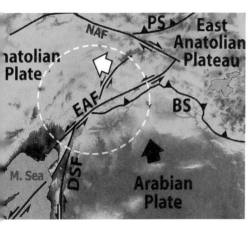

그림 26. 에덴 주변 지역의 지층구조 지도
(by George Zandt외)

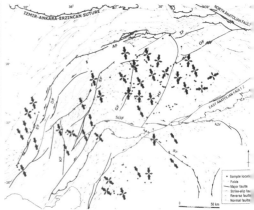

그림 27. 에덴 서남쪽 단층들의 지도
(by N. Kaymakci 외)

Ceyhan 강은 같은 산맥의 상류에서 좀 더 서쪽으로 흘러내리는 세이한(Seyhan) 강과 더불어 북동쪽 지중해 연안에 최고 비옥한 대평야의 델타 지역을 만들어주었다. 이 지역에 고대 도시 아다나(Adana)나 바울의 도시 다소(Tarsus)가 있으며 마라톤 전쟁의 현장 이소스(Issos) 그리고 가지안텝(Gaziantep)과 유명한 성경의 수리아 안디옥이 연결되어 있다. 그리

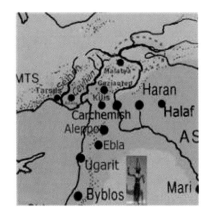

고 이 지역 인근에 고대 근동 세계의 교차로였던 알레포(Alepo)가 있으며 그 아래에 청동기 초기부터의 에블라 왕국이 있고 이어서 가나안 문명의 정수를 보여주는 우가리트과 비블로스가 있다.

그림 28. 구스인들의 땅과 제이한 강

이 지역은 메소포타미아와 아나톨리아, 앗시리아, 바빌로니아, 이집트, 페르시아, 헬라, 로마의 문명과 힘이 마주치고 교차되는 곳 이었다. 히타이트와 라암세스 2세가 충돌하고, 앗시리아와 이집트 그리고 신바빌로니아가 최후의 결전을 이룬 갈그미스, 페르시아와 그리스의 치열한 싸움이 이루어진 이시스 해전이 있었던 곳 이다. 해가 뜨는 동쪽의 땅 레반트로도 불리는 이 아름다운 지역은 홍수 이전에는 아담의 초기 후손들이 그리고 대홍수 후에는 노아의 후손들 특히 구스의 아들들과 니므롯의 세력이 왕성한 지역이었다. 그리고 그 지역을 적시던 기혼(Gihon)강은 오늘도 여전히 파생된 이름 Çeyhan으로 그 땅을 적시고 있는 것이다.

그리고 이 강이 진짜 에덴에서 흘러내렸던 원시의 강이었다면 유프라테스나 티그리스 강처럼 초기 인류가 거주했던 흔적들이 남아있어야 할 것이다. 만약 남아 있다면 좋은 증거가 될 것이다. 그런데 남아 있다. 그것도 조금이 아니라 많이 남아 있다. 유적지가 한 두 곳이라면 지구 다른 강가에도 흔히 있을 수 있는 일이다. 그러나 그렇게 크지 않은 이 지역에

아주 많이, 구석구석에, 여러 시대에 걸친 유물과 유적지들이 산재해 있다. 아담 이후 인류 초기 구석기에서 신석기, 청동기, 철기에 이르는 다양한 시대의 다양한 유적지들이 유프라테스 강과 제이한 강 사이를 가득 채우고 있다.

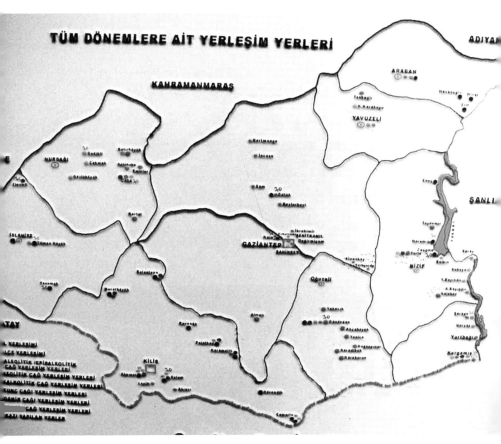

그림 29. 가지안텝 주변의 고고학 지도, 터키 동남부

이 강의 상류에는 오랜 역사를 가진 카흐라만마라쉬(Kahramanmaraş) 라는 도시가 있다. 그리고 이 도시 근교의 Direkli 동굴에서 출토된 유물들 중에는 이제까지 발굴된 것 중에서는 인류 최초의 것으로 인정되고 있는 진흙을 구워서 만든 어머니 여신의 작은 신상과 구석기와 신석기의 가옥과 생활 모습들을 보여주는 특별한 유물들이 많이 출토되었다.

그리고 인근 Domuz Tepe는 주전 8000-7000년에 신석기 사회가 조성되었는데 주전 5500년에는 그 크기가 20ha(축구장 28개 크기)에 달해 수메르 도시들이 생기기 전 중동에서 가장 큰 신석기 사회를 이룬 곳으로 선사 시대에 2천 명 이상의 사람들이 모여 살았음이 유물들을 통해 밝혀졌다. 그 중에는 특별히 동쪽 아라랏 아르메니아 지역에서 가져온 흑요석들이 있어 대홍수 후 서쪽으로 이동한 무리들이 이 지역에도 거주했음을 증명해주고 있다. 또한 이곳에서 만들어졌으나 제이한 강 중류 Kara tepe로 옮겨져 있던 석주에는 생명의 나무와 그 양옆에 춤추는 예배자의 모습이 새겨져 있어 그 지역 사람들이 오랫동안 에덴과 생명나무에 관한 신앙을 가지고 있었음을 알 수 있다.

그림 30. 도무즈 테페, 터키 동남부

그림 31. 신석기 토기들, 카흐라만마라쉬 박물관

그림 33 신석기 초기
거주 주택이 그려진
토기

그림 32.생명나무 앞에
서 춤추는 예배자들, 카
라테페, 터키

그림 34.
신석기 집 그림의 토기

　제이한 강과 유프라테스 강 사이의 땅에서 발굴된 수많은 유물과 유적
들은 이 땅 곳곳에 구석기에서 신석기, 청동기, 철기 시대를 아우르는 집
단들이 모여 있었음을 증거하고 있다. 에덴동산에서 추방된 아담의 후손
들인 초기 인류가 많이 모여 살았고 또한 노아 홍수 후 다시 찾아 온 노
아 세 아들의 후손들이 살던 곳이기에 초기 문명 인류의 많은 흔적들이
뒤섞여 있는 곳이다. 또한 남쪽 킬리스(Kilis) 박물관의 고고학 지도는 얼
마나 많은 이들이 인류 문명 초기부터 계속하여 이 지역에 살아 왔는지를
잘 보여준다.

　그리고 아마도 인류 최초의 농사 벽화로 여겨지는 주전 4천 년 기(4th
millenium) 사람이 펑크 머리를 하고 소를 몰고 밭을 가는 아름다운 모습

그림 35. Kilis 주변 고고학 분포 지도

의 벽화가 이 지역 곧 본서가 말하는 에덴 주변의 남쪽 유적지 왕궁 벽면
에 그려져 있기도 하다. 인류 최초의 농경문화가 이루어진 곳이 메소포
타미아의 비옥한 초승달 지역이요 그 중에서도 북부 레반트 곧 이 주
변지역이라는 것을 대영 박물관과 'History of the World' 지도는 설
명하고 있는 것이다.[29) 에덴에서 추방되었던 아담이 생계를 위해 해
야 했던 중요한 일은 땅을 갈고 농사짓는 일이었으며 그의 아들 가인
도 농사짓는 자 였다고 성경은 말하고 있으니 바로 이곳에서 세계 문
명사와 고고학의 증거는 성경과 일치하는 것이다.

　그러므로 가나안과 아나톨리아의 경계이면서 또한 메소포타미아 초승달
지역의 경계를 이루는 지역을 흐르는 제이한 강은, 구스 땅을 흘렀다고
기록된 기혼 강이 될 수 있는 것이다. 현재로써는 타우루스 산맥으로 끊
어지기는 했으나 제이한 강은 이 책에서 제시하는 에덴 지역에서부터 강
물이 시작되어 흘러내렸으며, 유프라테스 강과 연결되고 티그리스 강의 발

원지와도 멀지 않은 곳에 있다. 이제 우리는 모세가 말한 그 시대의 구스 땅과 그곳을 흐르던 기혼 강을 찾았다. 그리고 에덴동산 가까이 다가왔다. 이제 8부 능선을 넘었으니 비손 강과 하윌라 땅만 찾으면 우리는 문명 인류의 시작점인 에덴의 땅을 밟게 될 것이다. 그리고 에덴동산을 거니시던 하나님의 음성을 들을 수 있을 것 같다.

그림 36. 에덴의 땅 옆 인류 최초 농경사회 지역의 오천년 전 농사 벽화(Replica), 왕궁벽화, 말라티야 박물관, 터키

고원지대인 하일라 지역의 암벽 산 줄기들,옛 부터
보석류 가공 산업들이 발달한 지역, 터키동부.

8장. 하월라 땅과 비손 강

(1) 하월라 땅

비손 강은 에덴에서 흘러내린 네 개의 강 중 가장 먼저, 길게 설명된 강이다. 그러나 이제까지 가장 잘 알려지지 않은 강이다. 그런데 성경의 내용을 바탕으로 살펴볼 때, 비손 강을 터키 북동부에서 아르메니아 산악 지대를 거쳐 흐르는 강들과 연계짓는 것이 자연스러워 보인다. 문명사적으로 볼 때 비손 강은 유프라테스나 티그리스 강처럼 초기의 인류가 쉽게 거할 수 있는 비옥한 평원과 따뜻한 기후 조건을 갖춘 곳이 아닌 것으로 판단된다.

그래서 메소포타미아 문명사의 주 무대에서 멀리 떨어져 있었고 사람들의 기억 속에서 점점 희미해지고 바뀐 것 같다. 그리고 대홍수의 격변이 남쪽의 평야 지대와는 달리, 아라비아판과 유라시아판의 경계가 되는 메소포타미아의 북쪽 산악 지대에서 많이 일어났을 것이기 때문에 비손 강 흐름의 지형적 변화도 상당히 컸다고 생각할 수 있다. 하지만 그럼에도 불구하고 이 강에 대한 자료가 전혀 없는 것은 아니다. 학자들의 연구와 새로이 발굴 조사된 자료들은 비손의 흔적을 충분히 제시한다. 비손 강을 찾는데 가장 중요한 관건은 먼저 하윌라 땅을 찾는 것이다. 왜냐하면 성경은 비손 강이 하윌라 온 땅을 흘렀다고 했기 때문이다.

강이 에덴에서 발원하여 동산을 적시고 거기서부터 갈라져 네 근원이 되었으니 첫째의 이름은 비손이라 금이 있는 하윌라 온 땅에 둘렸으며(창 2:10-11)

그러나 지도 어디에도 에덴의 하윌라를 알려주는 곳은 없다. 그러면 먼저 보이지 않는 하윌라 땅을 찾을 만한 무슨 단서가 있어야 한다. 그런데 다행히 성경은 이 땅에 대해 힌트를 주고 있으니 기록되기를 '그 땅의 금은 정금이요 그 곳에는 베델리엄과 호마노도 있으며' (창 2:11)라고 했다. 하윌라 땅의 특징은 순금과 보석류가 많다는 것이다. 그런데 이제까지 흔히 '하윌라'하면 셈의 후손들 중 욕단의 아들 하윌라(창 10:29)의 자손들이 이룬 땅 곧 아라비아 반도 남단의 장소를 떠올렸다. 이곳은 사금이 많이 생산되고 보석류도 많았던 시바 여왕의 땅으로도 후대에 알려졌다. 그래서 이 곳을 비손 강이 흐른 하윌라 땅으로 주장하는 이들이 있었다. 하지만 이 땅은 유프라테스나 티그리스 강과는 만나지지 않는 별개의 곳이다. 여기 말고도 지구 곳곳에는 금과 보석이 나는 땅들이 많이 있는데 그렇다고 해서 그곳이 다 하윌라 땅이 될 수는 없는 것이다. 또한 성경에는 셈의 자손 말고도 구스의 아들 중에 '하윌라'라는 이름을 가진 아들도 있었다.

그런데 우리가 그 땅을 찾으려면 먼저 고대 세계에 쓰여진 어휘를 정확히 파악해야 한다. 구약 성경은 히브리어로 쓰여졌지만 때로는 그 이전의언어 아카드어나 수메르어에서 들어 온 외래어도 있기 때문에 그것을 잘 분별해야 성경에 대한 해석이 바로 될 수 있다. 하지만 이러한 고대어의 해석이 가능하게 된 것은 그리 오래되지 않았다. 그래서 수백 년 아니 수십 년 전의 뛰어난 학자들도 에덴에 대해 설명하기 어려웠던 부분들이 있었고 이것들이 요즘에 와서야 밝혀지는 경우들이 종종 있는데 그 중 하나가 바로 에덴과 관련된 단어들이다. 이미 앞서서 피땀 어린 노력으로 고대 설형문자 등을 해독하고 어휘와 문법을 체계화 시켜놓은 이들 덕분에 성경이 사용한 인류 초기 단어들이 재해석되면서 에덴의 땅도 찾아 볼수 있게 된 것이다.

'하윌라'를 수메르어로 분석하면 '하(ha=numerous)1)+윌라(illa=heights)'로 'numerous+heights'의 의미가 된다. 이는 높은 산들이 있는 고원지역을 일컫는 말로서 에덴을 중심하여 지도상으로 볼 때 동북쪽 아르메니아 고원지역(Armenian Highland)이 해당된다. 고산 지대에 해발 1000-2000m의 평원들이 펼쳐져 있으며 수메르 비문에 있는 금과 보석이 많은땅 아라타 왕국과 관련된 곳이다. 따라서 비손 강은 에덴에서 남쪽의 메소포타미아 평야나 구스 땅이 아닌 동북쪽의 높은 산들과 고원 지역으로 흘러간 것이다. 그리고 아라랏 산은 이 지역의 거의 중심부에 있다. 이제 우리는 터키 동부 아르메니아 산악과 고원 지대로 가서 이 땅이 정말 하윌라와 관계있는지 확인해야겠다.

성경의 에덴에서 흘러내린 처음의 두 강은 비손과 기혼 강인데 그 다음에 나오는 티그리스나 유프라테스 강과는 달리, 강이 어디어디를 '둘렀다'라고 성경은 표현한다. 이 말은 '사바브'(סבב)라는 히브리어로 '돌면서 흘러갔다'는 의미이다. 따라서 비손 강과 기혼 강은 나머지 두 강과는 달리 구불구불한 산악 지대를 굽이굽이 돌아서 멀리 흘러가는 모습을 보여준다. 거기다가 비손, 기혼 두 강은 하윌라와 구스 '온 땅(the entire land)'을 둘렀다고 했으니, 이 말 역시 여기저기 돌면서 전체의 땅을 적시는 모습으로 '사바브'의 의미를 보충해주는 것이다. 더구나 히브리어로 '하윌라'는 '순환하는'이라는 의미를 가지고 있으니 '사바브'와 맞물려 비손 강이 높은 산악의 긴 지역을 돌며 흘러갔을 것으로 추정케 한다. 그런데 정말 터키 동북부와 아르메니아의 높은 지역들이 성경이 말하는 비손 강이 흐른 하윌라인지를 알려면 우리는 성경이 말하는 하윌라 땅의 특징과 맞추어 봐야 한다. 대홍수로 인한 지형적 변화들이 있었겠지만 그래도 어느 정도 남아있는 특징들이 서로 맞는다면 우리는 놀랍게도 수천 년 전에 기록된 성경이 말하는 에덴에 속한 또 하나의 장소를 확인할 수 있게 되는 것이다.

그러면 하윌라 땅의 특징은 무엇이었는가? 이미 앞에서 언급한 것처럼 그 땅에는 순금과 보석이 많이 묻혀 있다는 것이었다. 그래서인가 황금과 보석의 땅으로 불리어진 '하윌라'라는 이름이 후세에도 기념되어졌으니, 셈의 자손이나 함의 자손 모두가 '하윌라'라는 이름을 갖고 있는 것이다.

노아의 방주가 도착한 아라랏 산 지역은 하윌라 땅의 중심적인 위치에 놓여 있으며 대홍수 후 노아와 세 아들의 가족은 바로 그 지역에 살았다. 그들은 그 주변 지역에 대해서 매우 잘 알고 있었다. 그래서 구스는 자신의 둘째 아들을 낳으며 그 이름을 하윌라라고 지었다. 금과 보석의땅의 주인처럼 되라는 뜻이었을까? 후에 셈의 자손 중 욕단도 자신의 아들 이름을 하윌라라 지었으니 많은 사람들이 에덴을 찾을 때 바로 이 욕단의 아들과 그 후손들이 살던 아라비아 반도 남쪽의 하윌라 땅을 에덴의 비손 강과 관계된 하윌라로 생각해 혼선을 많이 빚었다. 물론 욕단의 아들 하윌라가 살던 곳은 후에 금과 보석 및 향품을 싸들고 솔로몬을 찾아왔던 시바 여왕의 왕국이 있던 곳이며 금과 보석이 많이 나는 곳으로 알려져 있다. 어쩌면 욕단은 그 땅이 비손의 하윌라처럼 금과 보석이 많아 아들의 이름을 하윌라라고 지었는지도 모른다.

그런데 본서가 하윌라 땅으로 정의하는 터키 동북부와 아르메니아 지역에 금과 보석이 많이 났다는 것은 성경 외 메소포타미아의 서사시도 함께 증거해 주고 있다. 성경을 믿지 않는 사람들을 위해서인가? 이제까지 발견된 고대 수메르의 비문 중에 가장 오래된 장편의 서사시 '엔메르카르와 아라타의 주(A Epic of Enmerkar and the Lord of Arata)' 이야기 속에는 터키 동북부 아르메니아 고원 산악 지대에 있던 아라타 왕국이 많은 귀금속들이 있는 땅으로 소개되고 있기 때문이다.

그림 1. 엔메르카르 이름이 새겨진 토판. 교육용 복제본, BARA 유물관, 태안

그 내용을 보면 메소포타미아 남쪽 수메르 지역의 도시 우루크의 왕 엔메르카르가 먼 북쪽 산악 지대 아라타의 왕에게 전갈을 보내, 남쪽에서 나는 곡물들을 보내줄 테니 그 북쪽 땅에서 나는 금과 은, 청금석과 보석들을 내려 보내 귀한 신전을 짓도록 도와줄 것을 강압적으로 요구하는 것이다.3) 여기 등장하는 엔메르카르는 수메르의 왕명록인 웰드 프리즘에도 등장하는 역사적인 인물로 받아들여지며 그의 통치 연대는 주전 3천 년 (3rd millenium) 전기이다.

엔메르카르는 수메르의 도시 문명을 주도했던 우루크의 왕이었으며 당대의 사람들은 저 북쪽 땅 높은 지역 하윌라에 황금보석이 많이 나는 것을 알고 있었던 것이다. 성경적으로 대홍수 후 사람들은 그 아라랏 지역에서 서쪽으로 이동한 것이고 구스의 아들 니므롯을 중심으로 많은 사람들이 다시 동쪽 시날(수메르) 땅으로 이주하였고, 우루크(성경명 에렉)도 구스의 아들 니므롯이 세운 도시의 하나였으니(창 10:10) 그 지역 사람들은 아라타 땅의 금과 보석에 대해서 잘 알고 있었을 것이 분명하다. 그리고 서사시 속에서 엔메르카르는 대홍수 이후 초기 시대의 왕이었으니 아라타 지역에서 이주해 왔을 가능성이 큰 것이다.

특별히 우루크 왕은 북쪽의 아라타 사람들을 '율법의 사람들' 또는 신을 잘 믿는 '경건한 사람들'로 부르고 있으니 대홍수 후 그곳에 정착한 노아 후손들의 모습을 충분히 상기시켜주는 것이다. 그리고 데이비드 롤의 말대로 비문 속에서 우루크 왕 엔메르카르가 지으려던 신전의 주신인 인안나는 이미 아라타 왕국의 주신으로 섬겨졌던 신이며 또한 우루크의 왕이나 아라타의 왕 모두 '엔'(군주, 사제)의 명칭을 쓰고 있는 등 두 왕국이 종교·문화의 유사성을 함께 갖고 있는 것이다. 그래서 앗시리아 학자 헨리

새그스(Henry Saggs)는 이미 아라타 출신의 사람들이 수메르인들의 일부를 구성하고 있음을 주장했던 것이다.[4] 이러한 주장은 성경의 내용을 증거해주니 후에 시날 땅을 차지한 니므롯의 무리들은 아라랏 산 지역으로부터 이동했기 때문이다. 물론 대홍수로 인한 지형적 변화 속에서 처음 하윌라의 금과 보석들이 많이 감추어지고 사라졌을 수 있지만 대홍수 후 사람들은 그래도 여전히 그 땅이 황금과 보석이 많은 땅이라고 말하고 있는 것이다.

그런데 실제로 이 땅의 서쪽 곧 에덴의 북쪽에 있는 에르진잔(Erzin-can) 지역에서 큰 금맥이 발견되었다. 그리고 이 땅의 북쪽 흑해 연안인 조지아(Georgia)의 콜키스는 그리스 신화에서 황금 양털을 구하러 간 아르고선 신화로도 유명한 곳이다. 그래서 조지아의 국립 박물관에는 고대로부터 전해 내려 온 황금 유물들이 1층 전시실에 가득하다. 필자가 안내인에게 이 황금들이 어디서 온 것이냐고 물었을 때 그의 대답은 단호했다. 이것들은 다른 나라들에서 가져온 것이 아니라 본래 자기 땅에서 난 황금의 유물들이고 다른 나라들이 오히려 많이 빼앗아 갔다고. 또한 주전 6세기에 이 지역은 스키타이 왕국에 속하여 있었는데 그래서인지 스키타이인들이 남긴 유물들 중에도 황금으로 만들어진 것들이 많았고, 특히 나뭇가지와 잎 형태의 황금관은 신라의 황금관 유물들과도 관련이 있는 것으로 말해지고 있다.

그림 2 황금 장식품,
조지아 국립박물관

황금 장식물, 조지아
국립박물관

그림 3 하월라의 원석으로 가공된 보석   에르주룸, 터키 동부
　　　　목걸이들

그림 4. 하월라 지역의 보석류 장신구들, Van 박물관

그래서 어떤 이들은 '콜키스'(Colchis)라는 이름은 금이 많은 '하월라'(Chavilah)와 유사해 보인다고도 했으며 이 지역의 주요 하천 '파시스'는 에덴의 강 이름 '비손'과 유사하다고 델리취는 언급했다.[5] 그리고 터키의 반 박물관이나 조지아, 아르메니아의 박물관에는 예부터 이 지역에서 출토되고 가공된 많은 종류의 황금 보석 유물들을 간직하고 있다. 이 지역은 현재 동으로는 아르메니아와 아르바이젠, 서로는 터키, 남으로는 이란, 북으로는 조지아가 점유하고 있다.

성경에 비손 강은 '금이 있는 하월라 온 땅을 둘렸으며 그 땅의 금은 정금이요'라고 했다. 금의 땅과 금광, 정금과 황금 양털 및 황금 유물들 그리고 파시스와 비손이 서로 관계가 있어 보인다. 한 걸음 더 나아가, 하월라 온 땅은 정금만이 아니라 베델리엄(bdellium)과 호마노(onyx)도 있다고 했다. 여기 베델리엄은 반투명의 향이 나는 보석류의 물질 또는 진주로 해석되고, 호마노는 후에 대제사장의 의상에 12지파의 이름이 새겨지고 금테로 물린 고급스런 보석류였다.

필자는 오래 전 아르메니아 박물관을 방문하여 수천 년 전 여인이 착용했던 보석 장신구를 보다가 옆에 걸린 사진을 보는 순간 호흡이 멈추어버리는 줄 알았다. 그 여인의 보석 목걸이와 장신류는 그것이 발굴된 지역 동굴의 벽면에 띠 모양으로 길게 박혀있는 보석의 원석에서 나온 것이 아닌가! 옛날 이 땅은 정말 암벽 속에 보석들이 박혀 있던 보물의 땅이었던 것이다. 그래서인가 고대로부터 이 하월라 지역에 있던 고대도시 에르주룸(Erzurum)은 금과 보석의 판매지로 이름이 났고 오늘날도 여전히 그 산업이 발전되어 있다.

하나님께서는 지구 전체를 하나님이 보시기에 심히 좋고 아름다운 땅으로 만드셨다. 그래서 지구 곳곳에는 금은보석, 철, 동 등의 다양한 광물들과 아름다운 자연들이 있었다. 그리고 에덴이란 특별한 한 지역에서 처음 인간 아담이 시작할 때도 하나님께서는 그 주변을 아름답고 귀한 것들로 장식해 주셨던 것이다. 이러한 금과 보석들이 있는 땅이 하윌라였고 에덴에서 나온 첫 번째 강은 바로 이 땅 전체를 두루 돌아 흐르도록 했던 것이다. 그래서 성경에 에스겔 선지자는 후에 지중해 상권을 장악하고 번영하면서 심한 사치와 죄와 교만에 빠진 두로 왕국에 대한 심판을 예언하면서 다음과 같이 빗대어 말했다.

네가 옛적에 하나님의 동산 에덴에 있어서 각종 보석 곧 홍보석과 황보석과 금강석과 황옥과 홍마노와 창옥과 청보석과 남보석과 홍옥과 황금으로 단장하였었음이여 네가 지음을 받던 날에 너를 위하여 소고와 비파가 예비되었도다 (겔 28:13)

우리는 이제 하윌라 땅을 찾았다. 성령의 감동과 계시로 기록된 성경과 인류역사 초기에 남긴 비문들이 하나같이 말해주는 황금과 보석의 땅을 찾은 것이다. 에덴의 고지가 보이기 시작한다. 이제 비손 강만 찾으면 우리는 그 강을 역주행하여 발원지가 되는 에덴의 땅으로 드디어 들어갈 수 있게 될 것이다.

그림5 하윌라의 금과 보석으로 장식된 의상, 조지아 국립박물관

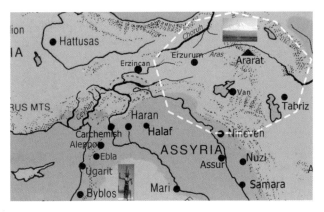

그림 6 대략의 하일라 지역(점선 내)

(2) 비손 강

광활한 아나톨리아의 동쪽 그리고 메소포타미아의 북동쪽에 자리한 하일라 땅은 높은 산들과 고원들이 자리한 광대한 땅이다. 그런데 비손 강은 이 온 땅을 돌면서 흘러갔다고 했다. 그렇다면 오늘날 이 땅에 있는 강들을 먼저 찾아보자. 에덴에서 흐른 비손 강과 같은 이름을 가진 큰 강이 있을까? 그러나 유감스럽게도 현재로써는 그런 강이 없다. 안 보인다. 긴 강이 서너 개 있지만 서로 연결되어 있지 않다. 그래서 비손 강은 없다고 생각하고 이제 까지 포기했는지도 모른다. 그러나 여기서 멈출 수 없다. 하일라가 찾아졌으니 어떤 작은 흔적이라도 남아 있지 않은지 하나씩 다시 살펴보자.

먼저 이 지역을 흐르고 있는 강들을 살펴보자. 그러면서 더듬어 보자. 우선 이 땅의 중앙부에서 서쪽으로 길게 흐르며 터키, 아르메니아, 아제르바이젠, 이란 북부를 적시고 카스피 해로 들어가는 강이 있다. 그 이름은 아라스(아락세스) 강이다. 이 강은 이미 앞에서도 언급되었다. 에덴을 이야기할 때 자주 등장하기 때문이다. 혹자들은 이강이 기혼 강일 것이라고 했다. 왜냐하면 이전 문서에 '기혼-아라스'라고 쓰인 경우가 있기 때문이다. 그러나 델리취 말대로 아랍어에서 Jihon(Gihon)은 큰 강을 의미하는 용어로도 사용되었기 때문에 기혼-아라스는 기혼 강이 아니라 '큰 강 아라스'로 해석할 수 있다. 본서는 이미 구스 땅의 기혼 강에 대해서 앞에서 많이 설명했다. 따라서 이 강 아라스는 높은 산들과 고원의 하윌라 지역을 흐르는 큰 강으로서 기혼이 아닌 비손 강과 함께 설명될 중요한 강이 되는 것이다.

그림 7. 아라스 강, 이란 북부

두 번째로 무라트 강이 있다. 이 강도 긴 강이다. 터키 동부 반 호수 가까이서 흐르기 시작하여 하윌라 땅을 동서로 가로질러 서쪽 티그리스 강의 발원지 가까운 곳인 에덴 지역에서 유프라테스 강에 합류한다. 그리고 이 강은 에덴에서 동쪽 방향으로 나 있어 에덴의 사건과 연관해볼 때 중요한 의미를 갖는 강이다. 그리고 이 강의 상류가 반 호수 근교와 아라랏 지역이어서 홍수의 대격변 이전에는 아라스 강과도 연계시킬 수 있는 가능성이 있어서 중요하게 생각된다. 물론 현재 모습은 비손이 아니다. 그 상류가 유프라테스나 티그리스 강과 반대로 되어 있으며 하윌라 온 땅을 돌아 적시지도 않는다.

그림 8. 무라트 강, 빙괼, 터키 동부

세 번째로 카라수(Krarsu)가 있다. 터키어로 수(su)는 '물, 시내'의 의미이다. 따라서 카라수는 강이라 말하기보다 시내와 같은 것으로 해발 2천미터의 고원 에르주룸 지역에서 시작하여 서남쪽으로 흐르면서 물의 양이 많아진다. 그리고 에르진잔(Erzincan) 주변에서 유프라테스 강으로 불리면서 본서가 말하는 에덴의 외곽지역 케반(Keban) 가까이서 유프라테스 본류와 합류한다. 이 강 줄기의 하류 지역인 케말리에 근교에서는 금광이 발견되어 하윌라 땅의 금을 연상시킨다. 그리고 카라수는 그 상류가 흑해로 흐르는 초루흐 강의 상류 및 아라스 강의 상류와도 멀지 않아 대격변 이전의 또 다른 모습을 연상해 볼 수 있다.

그림 9. Erzurum평원의 카라수, 터키 동부

네 번째로 초루흐 강이 있다. 이 강은 하윌라 땅의 북부 지역에서 시작하여 조지아를 통해 흑해로 흘러간다. 그리스의 아르고 황금 양털의 신화와 연관된 땅으로 흘러간다. 그래서인가 이 강과 연관되어 황금의 이름을 가진 곳들이 많이 있다. 해발 2천 미터의 고원 산악 지역에서 시작하여 경사가 심한 산맥을 휘감고 거센 물살로 흐르다가 흑해 연안의 평야를 조용히 적시며 흑해로 흘러들어가는 강이다. 그 발원이 본서가 말하는 에덴의 지역과는 거리가 멀지만 그 상류가 카라수나 아라스 강과 가까이 한다.

그림 10. 초루흐 강, Artvin, 터키 동북부

그러고 보면 오늘날 우리가 찾은 하윌라 땅에는 성경이 말하는 것과 똑같은 강의 모습은 보이지 않는다. 그러면 어떻게 된 것인가? 잘못 찾아왔나? 아니다. 우리는 하윌라 땅에 제대로 들어왔다. 그런데 문제는 다른 데 있었다. 이곳은 높은 산악 지역이다. 해발 2000-5000m에 이르는 산맥들이 펼쳐져 있고 곳곳에 해발 1000-2000m에 이르는 고원의 대평야가 여기 저기 있는 곳으로 지형적 변화가 컸던 곳이다. 대홍수의 격변도 강하게 나타났을 것으로 판단된다. 이 주변에서는 지난 세기에 만도 대지진이 여러 번 일어났다.

1840년에는 큰 지진으로 아라랏 산 위의 노아 마을과 아르메니아인들이 세운 성 야곱 수도원이 완전히 무너졌다. 1966년에는 서쪽의 빙괼 지역에 큰 지진이 일어나 Mus라는 도시가 파괴되었다. 1971년과 2003년에도 이 지역에 큰 지진이 다시 발생했다. Erzincan에는 1939년과 1992년, Erzurum에는 1959년과 1966년에 그리고 1999년에 Lzmit(Kocaeli) 근교에서 일어난 강력한 지진으로 1만 7천명 이상의 사상자를 내기도 했다. 2011년에는 도시 반을 중심으로 7.2의 강진이 일어나 피해가 상당히 컸고 북동쪽 전체와 아르메니아, 아제르바이잔, 이란의 우르미예까지 진동이 전해졌다. 지질학자들은 이 지역이 260만 년에서 117만 년 전 화산으로 형성된 곳이며 지금도 여전히 대륙판이 이동하고 충돌하는 지역이라고 말한다.

이상 살펴 본 바와 같이 하윌라 지역은 지질학적 변화가 격심한 지역이기에 인류 초기의 모습이 그대로 있기 어려우며 따라서 비손 강도 그대로 남아 있을 수 없는 것이었다. 그러면 비손에 대한 흔적을 전혀 찾아볼 수 없을까? 아니다. 있다. 아무리 지형이 변하고 흔적이 사라져도 사람들 사이에서 오랫동안 전해진 이야기와 지명들 속에는 그 어떤 단서들이 남아있는 것이다. 다행스럽게도 본서는 우리가 찾은 하윌라 땅의 중심부에서 비손의 흔적을 발견하였다. 그곳에 여전히 똑같은 자음의 어근을 가진 작은 도시와 강줄기가 남아있는데 바로 터키 북동부의 아르메니아 산악 지대의 대평원에 있는 파신레르(Pasinler)이다. 그런데 터키어에서 '-ler'는 명사 주격의 복수형 어미로 쓰인다. 따라서 이곳은 단어의 어근을 따르면 파신(Pasin)의 땅이 되는 것이다.

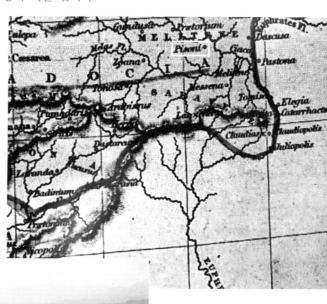

그림 11.
비손(Pisoni)의
이름이 새겨진
고 지도,흰색테
(by Alexander
G. Findlay)

그림12 파신레르, 파시
스 강 상류, 터키 동부

그래서 19세기의 고 지도에 이 지역을 Pisoni(흰선 테두리)로 표기하고 있는 것은 놀라운 사실이다.[6] 또한 이 지역에서 시작된 강 이름을 Phasis로 표기하고 아라스 강의 상류가 됨을 나타낸 지도도 있다.[7]

델리취(F. Delitzsch)는 흑해 연안의 Phasis 마을과 그곳을 흐르는 Phasis 강이 음의 유사성과 여타 관계로 성경의 비손이었을 가능성이 있다고 했으나 금과 보석의 땅이었던 아라타 중심의 비손과 파시스 강을 눈여겨보지 못한 아쉬운 점이 있다. 터키 동북부 높은 고원의 하윌라 땅에 남아 있는 이름 파신(psn)은 여전히 에덴에서 흘러내린 비손(psn)의 이름을 간직하고 있으며 이곳을 흐르는 물줄기는 주변 지역을 돌아 흐르면서 큰 강이 된다. 그리고 이 강은 '아라스'란 이름으로 오천년 전 수메르인들이 금과 보석의 땅으로 부른 아라타의 큰 땅을 돌아 흐른 것이다. 에덴의 피손(psn)과 같은 파신(psn)으로 흐르는 이 강은 산과 고원의 높은 땅인 하윌라(numerous heights) 곧 터키 동북 아라랏 지역, 아르메니아, 아제르바이젠, 이란 북부를 관통하여 카스피 해로 들어가는 것이다.

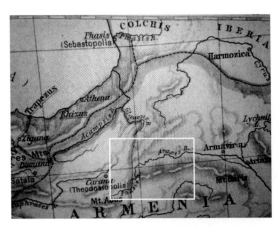

그림 13.하윌라 땅의 Phasis와 Aras(Araxes) 강((by William R. Shepherd)

그러나 오늘날의 이 강이 비손 강 전체였다고 말하기는 어렵다 . 대홍수의 격변 속에서 하윌라 땅은 변했으며 강도 달라졌다. 그래서 하윌라 온 땅을 적시며 흐른 에덴의 비손 강이 되려면 현재로서는 이 땅에 나뉘어 흐르는 하윌라 동쪽의 아라스 , 서쪽의 무라트 , 북쪽의 초루흐 그리고 초루 흐 강과 상류를 가까이 하면서 유프라테스 강과 합류하는 카라수가 함께 말하여져야 하는 것이다. 본래의 비손 강 전체의 모습은 사라졌지만 지형적 변화를 가진 다른 모습으로서의 하윌라 땅은 여전히 그 곳에 있으면서 금광과 함께 많은 황금 보석의 고대 유물들을 여러 박물관에 남겼다. 또한 그 땅 돌아 흐르는 가장 크고 긴 강 아라스의 상류에는 파신(psn)이란 이름과 함께 많은 황금 관련 이름들을 남겨 성경이 말해주는 비손(psn)의 흔적을 보여주고 있는 것이다.

. 그동안 많은 사람들이 '구스 '를 에티오피아로 , '하윌라 '를 아라비아 남단 홍해 주변 지역으로만 고정하여 해석하려 했기 때문에 , 나일 강을 에덴의 네 강의 하나인 기혼으로, 비손 강을 아라비아나 인더스 지역의 강으로 생각하면서 네 강이 시작되는 에덴동산을 찾는 일이 불가능한 것처럼 보이게 했다.

그러나 이제 우리는 다양한 자료들을 통해 구스 땅과 기혼의 실체 그리고 하윌라 땅을 찾았다. 이곳들은 성경과 메소포타미아의 비문과 유물들이 함께 증거해주는 곳들 이었다. 그리고 사라진 비손 강의 실마리를 풀었다. 그러니 이제 에덴이 있던 땅을 찾아가는 과제만이 남아있다. 그런데 만에 하나 이러한 설명들을 받아들이기 어려운 사람이 있다해도 그것이 에덴동산을 찾는데 크게 문제될 것은 없다. 왜냐하면 에덴동산을 규명하는 데 있어 더 중요한 것은 수천 년 전 강들의 명칭이 어디에 그대로 있느냐, 아니면 어떻게 변했느냐 하는 것이 아니라, 그러한 여러 강들

의 공통적 발원지가 될 수 있는 중심 지역이 어디냐 하는 것이기 때문이
다.

성경은 에덴에서 강이 발원하여 동산을 적시고 네 개의 강으로 흘러내
렸다고 분명히 말한다. 이제 우리는 이와 같은 증거들을 가지고 성경이
전해주는 그 에덴의 땅을 찾아갈 수 있을 것이다.

그림 14. 아라스(아락세스) 강, 파신레르 호라산 지역, 터키 동부

9장. 에덴과 생명나무

성경의 에덴과 관련하여 가장 중요한 사건은 동산 중앙에 있던 선악과와 생명나무에 관한 것이다. 신과 인간 사이에 최초로 맺어진 계약이 신성한 나무를 중심으로 이루어졌던 것이다. 그렇다면 인류 초기의 이야기들 속에도 이러한 신성한 나무에 관련된 이야기들이 전해지고 남아있지 않을까? 그리고 그러한 나무 이야기들은 에덴의 탐구와 더불어 그 이후 세대와의 문화적 상관관계를 이해하는데 도움을 줄 것이다.

고대인들이 남긴 벽화나 토판에는 신과 얽힌 나무 이야기가 많이 있다. 어떤 이들은 나무의 성장과 무성함 그리고 열매 등이 생명의 풍요와 번성을 나타내는 것으로 생각했기에 그들이 나무에 관한 특별한 이야기들을 갖게 되었다고 말하기도 한다. 그러나 이야기들을 자세히 살펴보면 그 이상의 무엇이 있었다는 것을 생각하게 한다.

우선 몇 가지 고대인들의 이야기들을 살펴보기로 하자. 고대 이집트의 벽화에 보면 한 여인이 나무로부터 물을 공급받고 있다. 그런데 그 나무 속에는 여신이 서 있고 그 여인 옆에는 사람 얼굴을 한 새가 앉아 있다. 이 그림은 여인의 죽은 영혼이 새처럼 날개를 달고 사후 세계의 신에게로 가야하는데 필요한 힘을 주는 생수를 여신이 서 있는 거룩한 나무로부터 공급받고 있는 것이다.

그런가 하면 신이 깃들인 거룩한 나무로부터 신탁을 받는 여인의 모습도 있다. 또 어떤 조각들은 왕 파라오가 그에게 만수무강 등을 약속해주는 신적 존재들과 함께 성스러운 나무 옆에 서 있는 장면을 보여주기도 한다. 머리 위에 나무가 얹혀있는 여신의 모습도 있다.

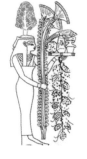

그림 1. 나무 여신과 생수 벽화, 이집트

고대 도시 마리에서 출토된 한 아름다운 인장에는 상위 신 앞에 서있는 여신의 몸에서 많은 나뭇가지들이 나와 있고 머리에도 나무가 올려져 있으니 이 신은 식물 또는 나무의 여신으로 불리어진다. 메소포타미아의

그림 2.식물 여신

그림 3. 생명나무
조형물, 이란

인장들 속에는 신성한 나무와 함께 신적 보호자인 스핑크스가 나무 양 옆에서 지켜주는 모습의 조각들이 상당히 많이 있다. 어떤 비문 중에는 신 앞에 나아간 인간이 신성한 나무 옆에 서있는 모습도 있다. 이란의 전통적 주요 장소들에는 아직도 고대로부터 전해진 생명나무를 상징하는 나무 조형물이 설치되어 있다.

그런가 하면 수메르 신화 중에는 엔키 신이 금단의 식물을 먹고 죽을 병에 걸리는 이야기가 있다. 그는 낙원에서 여덟 종류의 식물을 먹었으니 첫째가 나무-식물이었고 마지막 식물 역시 나무였다. 그의 시종 이시무드가 뽑은 계수나무를 엔키가 먹은 후 그 뛰어나고 대단했던 신 엔키가 죽을병에 걸렸다는 것이다.

바빌로니아의 아다파 신화에서는 에아 신의 아들이며 제사장이고 에리두에서 신들과 가까이 하며 살았던 아다파가 하늘로 소환되었는데 하늘의신 아누가 주는 생명의 음식과 음료를 거절하여 영생할 수 있는 기회를 놓친다는 이야기가 나온다. 이 때 하늘 문을 지키던 신의 하나가 (닌)기지다((Nin)gizzida)였는데 그 이름의 뜻은 문자적으로 '오른쪽 나무의 주'[1]이다. 닌기지다는 뱀의 신인데 오른쪽 나무의 주로 묘사되는 것을 보면 에덴동산 중앙에 있던 두 나무 곧 선악과와 생명나무의 하나를 상징하는 듯하다. 그런가 하면 닌기지다를 '선의 나무의 주'(lord of the good tree)로 해석하기도 하니[2] 이것은 뱀이 선악과(The tree of good and evil)를 먹으라고 유혹하여 인류를 타락시키고 자신이 그 나무의 주인 되었음을 보여주는 것 같다. 그 이름의 뜻이 성경의 사건과 상당히 가까움을 보여준다.

에안나 신화에서는 아이를 낳을 수 없었던 왕 에안나가 독수리를 타고 신들이 있는 하늘로 올라가 신의 나라에 있는 생명의 나무를 만짐으로써 생명을 잉태할 수 있는 능력을 받고 돌아와 자녀를 낳게 되었다는 이야기가 있다. 신성한 나무를 통하여 생명을 공급받고 병도 치료받는다는 것이다. 모세 이후 유대인들이 성막과 성전에서 사용하던 일곱 가지 달린 황금 촛대 메노라의 모습도 생명나무를 상징하여 만들어진 것이라고 한다.

그림 4. 메노라 부조 (Replica), 티투스 개선문, BARA 유물관, 로마

주전 700년 경 가나안 풍습에 젖어있던 이스라엘 백성들의 죄에 대해 선지자 호세아는 '내 백성이 나무를 향하여 묻고 그 막대기는 저희에게 고하나니… 산 위에서 분향하되 참나무, 버드나무, 상수리나무 아래서' 한다고 그들의 우상숭배 중 신목 신앙에 대해 책망하고 있다.

함의 후손인 가나안 인들이 섬기던 여신 아세라는 일종의 나무기둥 형태로 제단에 서 있었다. 그런가 하면 앗시리아나 페르시아에 접하여 메소포타미아 문명의 영향을 받았던 스키타이인들도 유사한 신목 사상을 가졌으니 그들의 최고신 파파이오스(Papaios)는 세계를 상징하는 나무 위에 서서 새와 동물로 묘사된 하늘과 땅의 세계를 관장하는 신으로 숭배를 받았다.

그림 5. 나무 신 파파이오스, 스키타이

메소포타미아와 교류가 있던 고대 인도에도 소원을 들어주는 성스러운 나무 칼파브리크샤(Kalpavriksha)와 덩굴식물 칼파발리(Kalpavalli)에 대한 신앙이 있었다. 그리고 주전 3세기에 건축이 시작된 산치불탑의 패방(토라나)에는 나무 여신 야차의 모습이 나무와 함께 조각되어 있다.

힌두교가 국교로 지정되어있던 네팔에서는 오랫동안 신의 나무에 관한 깊은 신앙을 가지고 있었다. 그래서 대부분의 거대한 고목에는 종교적 의미를 갖는 색을 칠하고 신을 상징하는 우상과 물건들을 놓아두며 오늘날까지도 많은 사람들이 그 앞에서 종교의식을 행하는 것을 쉽게 볼 수 있다. 특히 그 나라의 수도인 '카투만두'(Kathmandu)라는 이름은 나무를 의

그림 6. 신성한 나무와 힌두 신상, 포카라, 네팔

미하는 '카투:kath'와 집을 의미하는 '만두:mandu'라는 단어의 합성어로서 '나무의 집'이라는 말인데 여기서 나무는 바로 '신의 나무'를 말하는 것이다. 따라서 카투만두는 곧 '나무 신의 집'이고 실제로 수많은 신들로 가득 찬 힌두교의 도시인 것이다. 그래서 힌두교 사원들에서는 종종 신들 앞에 신성한 나무들이 양쪽에 서 있는 경우들을 볼 수 있다.

또한 힌두교는 인도에서 네팔과 동남아시아 여러 지역으로 전해지면서 불교와 서로 영향을 주고받았다. 그래서 방콕의 웅장하고 화려한 불교 사원들의 불상 앞에는 양 옆에 신성한 나무가 서 있는 모습을 자주 볼 수 있다. 어떤 중국계 불교 사원에는 불상 양 옆에 있는 나무가 용의 형태로 만들어져 있기도 하다.

그림 7.나무여신
힌두 네팔

150

그림 8. 신과 황금
나무, 앙코르 왓트.

그림 9.
황금관(나무와 뿔),
신라, 경주

그리고 아시아의 여러 나라에 두 종교가 함께 조화된 신전들이 있으며 특히 캄보디아의 거대한 앙코르와트의 한 신상 앞에는 황금 잎을 가진 신성한황금 나무가 좌우에 서 있는 것을 볼 수 있다. 이러한 신성한 나무의 모습은 신라시대 황금왕관 위의 황금나무와 잎의 장식과도 그 형태나 의미가 통한다. 황금 나무와 잎은 신적인 권위와 생명력 그리고 번영의 의미로 왕관에 종종 장식되었던 것이다. 신라의 황금관은 그 이전 스키타이의 나무장식 황금관에서 영향을 받았을 것으로 말하는 이들도 있다. 그런데 이러한 황금 나뭇가지나 잎으로 장식된 왕관의 모습은 그보다 훨씬 전 수메르 문명이 꽃을 피웠던 주전 2600년 경 우르의 왕릉에서 출토된 왕관에서 먼저 보여진 것이다 (우상;대영박물관, 우하;유펜대학박물관).

중국에도 고대로부터 신목 사상이 있었다. 여와신이 달려있는 신성한 나무에 자신들이 원하는 물건들을 매달아 놓고 기도함으로써 신의 축복을 받는다고 생각하는 신앙이었다. 이러한 신목 신앙들은 힌두나 티벹 불교에서도 강하게 나타나는데 신앙의 문구가 기록된 5종류의 색깔 있는 천 타르초(파란색:하늘, 흰색:구름, 붉은색:불, 초록색:물, 갈색:땅)를 고목에 매달아 신이 내리는 축복을 받게 된다고 한다. 이렇게 나무에 자기의 소원을 적은 천이나 종이를 매달고 기도하는 신앙 풍속

은 고대로부터 우리나라를 비롯해 많은 민족들이 함께 가지고 있는 민속 신앙의 공통된 모습들이다.

단군신화도 신성한 나무와 관련되어 있으니 환웅이 하늘로부터 내려온 곳은 태백산정의 신단수(神檀樹) 아래였다. 그리고 웅녀가 신단수 아래에서 절하며 아기를 잉태하게 해달라고 기도하다가 단군왕검을 낳게 되었다고 하는 신목 사상이 담겨있다. 신단수는 말 그대로 신의 제단에 서 있는 신성한 나무를 가리키며 서낭당의 옛 형태로 흔히 생각한다. 이렇듯 조각돌을 수

그림 10. 타르초(법문 깃발)가 걸린
치유의 신성한 나무, 네팔

북이 쌓고 그 가운데 수목을 세우는 신앙이 오래전부터 있었던 것이다. 신목에는 신이 깃들기도 하고 내리기도 한다. 그래서 신이 내릴 때는 나무가 흔들리고 거기에 매달은 방울 소리가 들리게 하는 등의 신 내림 의식이 민속 신앙의 굿 속에 종종 표현되어진다. 이집트나 메소포타미아의 신목 신앙은 스키타이나 인도, 네팔, 티벳, 중국 그리고 한국에 이르기까지 상당히 유사한 모습으로 나타나 있다.

오래된 특별한 나무 이야기가 고대 메소포타미아인들이 남긴 인장에 조
각되어 있다. 이 인장은 주전 2500-2300년 경의 것으로 조상들로부터 전
해져 내려온 이야기를 한 사람이 조각으로 남긴 것이다. 이 인장은 현재
대영 박물관에 전시되어있다. 그 조각의 내용인즉 한 남자와 여자가 나
무를 중앙에 두고 좌우에 앉아있다. 그리고 뱀이 등장한다. 그런데 그 뱀
은 나무에 매달려 있거나 땅에 기어 오는 것이 아니다. 여자 뒤에 서 있
다. 그것도 여자를 공격하려는 모습이 아니고 여자 귀에 무엇인가를 속삭이는
모습이다. 이때 여자는 손을 내밀어서 중앙에 있는 나무의 열매를 따려
고 한다. 이 인장을 처음 발표한 영국의 저명한 고고학자 죠지 스미스
(George Smith)는 이것에 '유혹의 인장'(The Seal of Temptation)이라는
이름을 붙여 주었으니, 이 조각은 에덴동산에서 뱀의 유혹을 받아
선악과를 따먹고 영생을 상실한 최초의 인간 아담 부부의 사건을 그
대로 보여주는 것으로 생각했기 때문이다. D. Rohl도 생각을 같이한다.

그림 11. 유혹의 인장 토판 스케치(안미자), 3th
Millenium B.C., Tepe Gawra, 대영 박물관

그러나 지금 설명서는 다르게 말하고 있다('Banqueting Scene'). 아마도 사람들이 에덴을 사실이 아닌 신화로 생각하며, 두 사람 중에 오른편 남자가 머리에 뿔 달린 관을 쓰고 있는데, 고대 메소포타미아에서는 신들이 머리에 뿔 관을 쓰기 때문에 여기 여인은 메소포타미아 신 앞에 예배자로 나왔을 것이라는 추정이다. 하지만 그것은 옳지 않고 성경을 신화화하는 흐름에 맞춘 편향된 해석에 불과하다고 말할 수 있다. 왜냐하면 고대 메소포타미아에서는 신들만 뿔 모자를 쓴 것이 아니요 신과 교제를 하는 신의 제사장이나 신의 아들 내지 자신이 신이라고 칭하는 왕들도 그 권위를 세우기 위하여 뿔 달린 모자를 썼기 때문이다.

그림12 나람신 승전비 루브르

예를 들면 아카드 왕 나람신은 사르곤에 이어 메소포타미아 제국을 확장시키는 전쟁들에서 승리한 후 신들의 산에 오를 때 바이킹처럼 큰 뿔의 모자를 쓰고있었다. 그러므로 유혹의 인장 토판에서 뿔 모자를 쓴 사람은 신과 대화를 나누며 신의 뜻을 듣고 전하는 제사장적 위치에 있던 최초의 인간 아담의 모습을 후대 자손이 오히려 메소포타미아적으로 잘 표현한 것이 된다. 그리고 그 인장이 발견된 곳도 에덴에서 발원한 티그리스 강의 상류로 아담의 자손들이 강을 따라 퍼져 나간 정황과도 맞는다. 또한 같은 지역의 1000년 이상 앞선 아래 지층에서 발굴된 벌거벗은 모습의 남녀가 뱀과 함께 근심어린 모습으로 어딘가로 쫓겨나는 듯한 유물과 함께 해석해 보면 이미 그 지역에 인류 초기부터 살던 사람들이 뱀과 신성한 나무에 얽힌 남녀의 이야기를 가지고 있었음을 알 수 있다. 이것이 유물과 성경을 통한 합리적 해석이며 G. Smith의 ''Temptation'의 의미가 된다.

성경을 중심으로 이야기들을 정리해 보자. 에덴동산 중앙에는 두 개의 특별한 나무가 있었다. 선악과와 생명나무가 그것이다. 하나님께서는 동산의 모든 나무 열매는 먹어도 되지만 선악과는 먹어서는 안 된다고 하셨다. 선악과를 통해서 인간과 첫 번째 계약을 세우셨는데 인간이 그 계약을 지키고 하나님 안에 있을 때는 주어진 모든 기쁨과 행복을 누릴 수 있지만, 스스로 파기하여 하나님을 떠날 때는 영생을 상실하여 죽는 존재가 된다고 하셨다. 그것은 당연한 결과이다. 왜냐하면 하나님은 생명의 근원이시기 때문에 하나님을 떠난 생명은 줄기에서 잘려나간 가지 같아서 생명을 상실하게 되는 것이며, 하나님은 빛이시기에 그 빛에서 떠나갈 때에 어두움이 인간에게 찾아올 수밖에 없는 것이었다.

선악과는 하나님께서 인간을 기계나 로봇같이 하나님께 맹종하는 존재가 아니라, 자신을 창조한 신까지도 스스로 선택하거나 버릴 수 있는 자유와 책임을 동시에 지닌 고귀한 존재로 만드셨음을 보여주는 나무였다. 그리고 죄에 빠져 죽음이 선언된 인간이 동산 안에 있는 생명나무를 계속 먹어서는 안 되기에 그들을 에덴동산에서 추방하시고 천사를 통해 그 생명나무의 길을 지키게 하셨던 것이다(창 3:24).

에덴동산에서 나무를 사이에 두고 일어났던 이러한 중요한 사건들은 아담의 후손들에게 전달되었고 아담의 후손 곧 흩어져 나간 초기 인류는 오랜 시간의 흐름과 영적 타락 속에서 변질되기는 했지만 나무가 가지는 그 생명력과 번성을 신성시하면서 자기 나름대로의 신과 얽힌 나무 이야기를 많이 만들어 갖게 된 것이다. 그리고 한편으로는 그 금지된 생명나무를 통하여 개인과 왕국이 장수와 번영을 누리기를 희망하면서 왕궁의 벽면이나 기념되는 곳들에 신성한 나무의 모습들을 그리거나 새기어 두었던 것이다. 고대 마리 왕궁 벽면에 그려져 있던 왕의 취임식 장면이나 고대 우가리트 왕국의 왕의 원형 식탁에 펼쳐져 있던 상아 장식물에 나타난 신성한 나무의 모습 그리고 주전 14세기 고대 앗시리아의 앗슈르 신과 신성한 두 나무로 표현된 낙원에 대한 이미지들은 조상들로부터 전해 듣고 에덴을 동경하며 살았던 고대 메소포타미아인들의 신목사상을 잘 보여주는 것이다. 그리고 초기 인류가 가지고 있던 이러한 유사한 많은 이야기들은 역으로 거슬러 올라가면 그 뿌리와 모티프가 에덴에서 있었던 신성한 나무의 사건들이었음을 유추할 수 있는 것이다.

그림 13. 앗슈르 신의 좌우에 있는 신성한 두 나무와 수호 짐승, 스케치(안미자), 주전 14c, 앗슈르, 베를린 국립박물관

10장. 에덴과 신성한 존재들

(1) 스핑크스 이미지는 어디에서 나왔나?

고대인들의 글이나 그림 조각 중에는 스핑크스에 관련된 것들이 많이 있다. '스핑크스'하면 이집트 기자에 있는 쿠푸 왕의 피라미드 앞에 있는 대형 스핑크스 상을 떠올리게 된다. 길이 48.2m에 높이가 21m나 되는 이 거대한 스핑크스는 전체가 하나의 석회 바위로 구성되어 있다. 주전 2500년 경으로 추정되는 이 스핑크스 상은 얼굴은 사람이면서 몸통은 사자 모습으로 쿠푸 왕의 무덤인 피라미드를 지키고 있다. 이집트에서 스핑크스는 수호신으로 숭배되어졌으니 무덤이나 신전을 지켜주는 신이요, 내세의 보호자로서의 역할까지 했다.

그런가 하면 이집트 최초의 피라미드로 일컬어지는 사카라에서는 150개의 스핑크스로 만들어진 좁은 길이 발견되었으며, 나일 강 건너편에 위치한 하셉슈트 여왕의 거대한 장제전과 마주하고 있는 룩소르의 유명한 신

그림 1. 기자의 피라미드와 스핑크스 상, 이집트

전 카르낙의 입구는 양의 머리를 한 신수(神獸) 상들이 도열해 있다. 또한 장엄한 룩소르 신전 역시 그 앞에 긴 스핑크스의 길이 있는데, 이 길은 본래 멀리 떨어져 있는 카르낙 신전 스핑크스의 길과 연결되어 있었고 현재 이집트 당국이 그 스핑크스의 길을 발굴, 복원하고 있다.

그림 2. 룩소르 신전 앞에 도열한 스핑크스 길, 룩소르

고대 문명 세계는 수메르에서 이집트, 앗시리아, 바빌로니아, 힛타이트, 페르시아, 헬라, 로마, 인도, 유럽, 아시아에 이르기까지 저들의 신화나 왕국에 약간의 차이는 있지만 거의 모두 스핑크스 이야기나 실제 형상들을 가지고 있는데 그것들은 과연 어디서 기원되었을까? 어떻게 고대인들은 범세계적으로 유사한 모습의 상상의 동물 스핑크스를 갖게 되었을까?

앗시리아 제국 시대 사르곤 2세의 왕궁 앞에는 왕궁을 지키는 날개 달린 소의 몸통에 사람의 얼굴 모습을 한 4.2m 높이의 거대한 석상과 부조가 여러 개 놓여 있었다. 이러한 스핑크스 형의 라마수 상들이 루브르나 대영 박물관 같은 세계 유수 박물관들에 흩어져 전시되고 있다. 그런가 하면 페르시아의 수도였던 웅장한 페르세폴리스의 왕궁 출입문에도 역시 거대한 라마수 상이 그 위용을 나타내고 있다. 힛타이트 제국의 수도였던 하투사 성벽에는 여러 개의 문이 있는데 그 중 가장 높은 곳에 있는 문이 스핑크스의 문이다. 이 문은 신전들이 있는 곳보다도 높은 곳에 있으니 스핑크스가 왕궁과 나라를 지켜주기 바라는 신앙에서 그리했을 것이다.

그림 3. 하투사 성벽의 스핑크스 문, 터키

그림 4 앗시리아
사르곤 왕궁 앞에
세워진 수호 신상
라마수, 루브르

그림 5. 만국의 문을 지키는 라마수, 페르세폴리스, 이란

그림 6.

그리스 신화에도 스핑크스가 등장하는데 오디푸스의 이야기에 보면 성장한 오디푸스가 테베 근처에서 지나가는 나그네에게 수수께끼를 묻고 맞히지 못하면 죽이는 괴물 스핑크스의 수수께끼를 쉽게 풀고 왕이 된다는 이야기가 나온다. 이러한 스핑크스는 대개 여성의 얼굴과 가슴이 있고 날개를 단 사자의 몸통으로 조각되어 있다. 본래 스핑크스는 사람의 얼굴에 사자나 소의 몸을 가지고 독수리의 날개를 달고 있으며 이것들은 마귀나 재앙을 막는 힘이 있다고 하여 고대 신전이나 왕궁 또는 왕들의 무덤 앞에 놓여졌다.

이러한 스핑크스 상은 부적처럼 사용되기도 하고 여성들의 장신구로도 만들어져 몸에 걸치기도 했으며 장식으로 집안의 가구 등에도 붙여 사용하기도 했다. 그리고 왕족들의 인장에도 사용되어졌으니 성경에 나오는 악한 왕 아합의 아내 이세벨의 것으로 여겨지는 인장에는 스핑크스 상과 함께 그녀의 이름이 새겨져 있다. 그런가 하면 성경 창세기 10장에 등장하는 니므롯이 세운 고대 도시 칼라(님로드)에서 출토된 물건 중에는 사자의 몸통에 사람의 머리를 한 스핑크스 상이 상아로 만들어져 있다.

에덴의 땅 엘라즈의 남쪽이며 하란에서 가까운 서쪽인 시리아 북부 Arslan Tash에서 (이 지역은 이사야 37장 12절에 기록된 에덴의 자손들이 살던 지역이다) 출토된 상아로 만들어진 아름다운 스핑크스 상도 있다. 이것은 주전9-8세기에 만들어진 것으로 정원의 나무 옆에 서 있는 모습이다. 이 스핑크스 상은 사람의 얼굴에 사자의 몸통, 독수리의 날개 그리고 몸체 뒷부분과 꼬리는 소의 모습이다. 마치 에덴동산 생명나무의 길을 지키는 천사 그룹(cherubim)을 보는 듯하다. '그룹'(케루빔) 천사는 하나님

의 보좌 가까이 있던 천사의 한 종류로 그 모습에 대해 에스겔 선지자는
다음과 같이 묘사했다.

그 얼굴들의 모양은 넷의 앞은 사람의 얼굴이요 넷의 우편은 사자의 얼굴
이요 넷의 좌편은 소의 얼굴이요 넷의 뒤는 독수리의 얼굴이니 (겔 1:10)

그림 7. 정원의 나무와
스핑크스,Arslan Tash,
시리아

그리고 몸에는 네 개의 날개가 있었고 날개 밑으로는 각각 손이 있으며
그 생물의 왕래는 번개같이 빨랐다고 했다. 솔로몬이 지은 예루살렘 성전
에는 그룹 천사가 날개를 펴고 있었으니 성경은 다음과 같이 설명한다.

솔로몬이 내소 가운데 그룹을 두었으니 그룹들의 날개가 펴져 있는데
이 그룹의 날개는 이 벽에 닿았고 저 그룹의 날개는 저 벽에 닿았으며 두
날개는 전의 중앙에서 서로 닿았더라 저가 금으로 그룹에 입혔더라 내
외소 사면 벽에는 모두 그룹들과 종려와 핀 꽃 형상을 아로새겼고
(왕상6:27-29)

또한 여호와 하나님은 지성소의 증거궤 위에 있는 두 그룹들 사이에서 나타나시고 말씀하셨다고 성경은 말한다(민 7:8-9 외). 그런데 천사 '그룹'은 창세기 3장 24절, 하나님께서 에덴동산 생명나무의 길을 지키게 한 사건에서 처음 나타난다. 여기 '그룹'(Cherubim)과 두루 도는 '화염검'(스스로 회전하는 불칼)의 임무는 죄를 지은 인간이 더 이상 동산 안으로 들어와 생명나무를 건드리지 못하게 그 길을 지키는 것이니 저들은 인간의 눈에 보이는 모습이었으며 인간에게 신비와 위엄을 나타내고 두려움을 주어 인간이 에덴동산의 생명나무에 접근하지 못하게 하는 것이다. 우리는 성경에서 천사들이 인간의 모습 또는 인간에게 보이는 모습으로 나타난 것을 종종 볼 수 있다(창 19:1, 창 32:29, 수 5:13, 왕상 19:5 등). 그런데 그룹 천사는 천사들 중에서도 특별히 하나님 보좌 가까이 네 생물의 모습을 한 신비로운 모습의 천사이며 거룩한 것을 파수하는 감시자로 설명되고 있다(왕상 8:6 외).

앞 장에서 서술한대로 아담 이후 초기의 인간들은 생명나무가 있는 에덴동산으로 다시 들어가고 싶어 했다. 그러나 죄를 짓고 사망이 선고된 인간이 다시 에덴동산으로 들어가 생명나무 열매를 먹으면 안 되겠기에 하나님께서는 에덴동산으로 들어가는 그 길을 지키도록 신비스럽고 초월적 존재인 그룹 천사를 세워두셨다. 그리고 사람들은 그 천사의 모양을 보았으며, 그것에 대한 신비로운 이야기는 사람들에게 전달되어 고대인들의 세계에 퍼져 나갔고 시간의 흐름과 사람들의 번성 및 이주 속에서 그 모습은 조금씩 변해갔을 것이다.

하지만 그들은 자기 나름대로의 신화적 동물인 네 생물의 조합체, 곧 사람의 얼굴에 소나 사자의 몸과 발 그리고 독수리의 날개를 단 스핑크스 이야기와 형상을 만들어 나가게 된 것이다. 그래서 생명나무와 스핑크스 또는 변형된 그리핀의 모습이 벽화나 인장 또는 장식품으로 많이 남게 되었다.

특별히 고대 세계의 제왕, 군주들은 자신들의 권세와 지혜와 능력이 신적인 권위를 가지고 있으며 또한 그러한 신의 보호를 받는다는 상징과 바람으로 에덴동산의 수호자였던 그룹 천사의 이미지를 상상해 만든 스핑크스 상을 왕궁이나 성문 등에 세웠던 것이다.

그림 8 앗수루 왕궁 앞 라마수, 대영박물관

그림 9 시카고대학 박뭄관

그림 10. 생명나무를 지키는 스핑크스, 메트로폴리탄 박물관

(2) 그리핀과 기린 이야기

사람, 사자, 소, 독수리 네 생물의 모습을 조합한 스핑크스 상은 시간의 흐름 속에 다양한 변화를 가져왔다. 시대와 지역에 따라 그 민족이 가지고 있던 독특한 환경 속에서 그들의 종교성과 예술성 독창성 등이 표출되었으니 고대 그리스인들이 만든 스핑크스 상은 그리스 여인의 얼굴에 가슴의 관능미까지 살린 모습으로 만들어지고 사용되었다.

또 어떤 지역에서는 독수리의 모습이 더욱 강조되어 독수리의 얼굴과 날개, 발이 특징적으로 부각되는가 하면 어떤 곳에서는 사자의 모습이 강조되어 사람 얼굴이 사자 머리와 함께 조합되기도 한다. 그리고 더 나아가서는 신적 힘과 능력을 상징하던 소의 뿔 대신 염소나 사슴의 더 큰 뿔들이 사용되기도 한다.

그림 11. 사람과 사자
얼굴의 스핑크스 상,
앙카라 박물관

이러한 변화는 이제 기본의 네 생물, 즉 사람, 소, 사자, 독수리가 아닌 다른 생물들의 여러 조합으로도 발전하니 신으로 숭배 받던 뱀의 형상과 비늘, 몸통이 분리 혹은 조합되기도 하고 신으로 숭배되던 짐승의 특징들이 눈, 코, 입, 뿔, 다리, 꼬리 등 신체의 부분 부분으로 세분되어 조합되는 경우들도 있었다. 예를 들면 바벨론 성곽 중 이쉬타르의 문 주위에는 머리에 뿔이 난 큰 뱀의 얼굴과 비늘로 덮인 네 발 짐승의 몸통에 독수리의 날카로운 발톱이 난 두 발과 사자의 두 발이 있는 상상의 동물 용이 마르둑 신의 상징 동물로 새겨져 있기도 하다.

이와 같이 기존의 네 생물의 전형적 형태인 스핑크스에서 얼굴이 사람

이 아닌 새나 짐승의 것들로 바뀌면서 여러 짐승들의 특징이 조합된 상상의 짐승들이 나타났고, 서양에서는 이것들을 '그리핀'이라 불렀으며 중국에서는 상서로운 짐승으로 여겨 '기린' 이라고 표기했다. 본래 그리스어 그리폰(gryphon)에서 나온 용어인 그리핀의 모습은 주로 얼굴이 새이고 독수리의 날개가 있기도 하고 때로는 없기도 한 몸

그림 12 독수리날개 강조, 시리아

에 뒷발과 꼬리는 사자의 형태가 많았다. 그러나 점점 변화, 발전되면서 아시아권에서는 어떤 때는 긴 뿔과 큰 귀를 가지고 있으면서 사자와 용을 조합한 듯한 다양한 모습의 상상의 동물들을 보여주기도 한다.

그런데 때때로 '그리핀-정령'(griffin-demon)으로 불리어지는 신수는 주로 독수리의 얼굴에 사람의 몸과 날개를 가지고 있고 양손에는 생수의 물통과 나무 열매를 들고 있었다. 이것들은 사람을 치료하고 생명과 번영을 주는 종교적 의미를 가지고 있었다. 그래서 그들은 집이나 왕궁 등을 지켜주는 수호자로 숭배되기도 했고 바빌로니아의 일곱 현인을 나타내기도 했다.

그림 13.
그리핀 정령

에덴동산 생명나무의 길을 지키던 그룹 천사의 모습은 스핑크스와 그리핀으로 변형되었고 이러한 메소포타미아의 신화적 문화와 예술은 아시아 여러 지역으로도 전해졌는데 고대 인도나 네팔 및 동남아시아 그리고 중국에서 한국, 일본에 이르기까지 모방이나 독창적 변화가 계속 이루어지면서 저들의 원시적 종교나 힌두교와 불교 속에 다양한 신수의 모습으로 나타나게 되었다. 에덴을 지키던 천사 케루빔의 네 생물의

모습은 인류 초기 문화와 역사만이 아니라 오늘날에 이르기 까지 다양하
게 변형된 모습으로 우리 가까이 있는 것이다.

그림14. 무덤 수
호 신수, 중국

그림 15. 힌두 신전 앞에 세워진 신수들, 카투만두

그림 16 인도 수호 신수,
뉴델리 박물관

그림 17. 뿔과 날개가 약화된 신수 해치, 경복궁

(3) 여러 얼굴을 가진 신화적 존재들

에덴동산의 생명나무 길을 지키던 그룹 천사는 네 생물이 하나처럼 보이는 신비스러운 모습으로 우리의 개념과 언어로는 정확히 다 설명하기가 어렵다.

성경 에스겔 1장 10절 이하에는 대략 이렇게 묘사되어 있다. '그 얼굴들의 모양은 넷의 앞은 사람의 얼굴이요 넷의 우편은 사자의 얼굴이요 넷의 좌편은 소의 얼굴이요 넷의 뒤는 독수리의 얼굴'이고 몸에는 네 개의 날개가 있었으며 날개 밑으로는 각각 손이 있었다. 그리고 그 생물의 모양은 횃불 같고 광채가 있으며 왕래는 번개같이 빨랐다고 했다.

에덴동산 가까이 간 사람들은 이 신비한 천사를 보기는 했어도 완전하게 이해하기는 어려웠을 것이다. 워낙 그 모습이 신비롭고 위용스러운데다 움직임이 번개같이 빠르다고 했으니 인간의 3차원적 공간 개념으로는 완전히 파악하기 어려웠고 거기다 하나님의 거룩하심을 가까이 하는 천사였으니 죄 많은 인간들이 감히 가까이 하거나 바로 쳐다보기에도 심히 두려운 존재였을 것이다. 성경 다른 곳에도 천사를 직접 만났던 여호수아나 다니엘 등이 그 앞에 바로 서지도 못하고 얼굴을 땅에 대고 엎드려지는 일들이 있었다(수 5:13-15, 단 8:15-18 참고).

인류 초기 사람들은 한 개인이 네 생물의 신비한 모습을 가진 천사 그룹의 온전한 실체를 다 파악하지는 못했지만 그래도 자기 나름대로 관찰된 특징들을 기억하고 후세에 전하여 주었을 것이다. 그래서 전형적인 네 생물의 조합체인 스핑크스의 모습 외에도 어떤 이는 날개를, 또 어떤 이는 소와 그 뿔의 형상을 더 부각시키거나 사자의 용맹함을 부각시키는 등

저마다 독특한 신화적 존재들을 만들었다. 그런데 그 중 그룹 천사의 중요한 특징처럼 얼굴을 여러 개로 표현한 유물들이 있으니 수메르 인장 중에 지혜의 신이요 물의 신인 엔키(에아)에 대한 부조가 많은데 그 중 엔키의 수행신 이시무드는 얼굴이 둘인 신으로 묘사되고 있다. 이것은 그리스 신화 속 야누스보다 천년 이상 앞선 것으로 그는 앞과 뒤 즉 과거와 미래를 함께 보는 신으로 해석된다.

그림 17

또한 창조 서사시 '에누마 엘리쉬'에서 바벨론 최고의 신으로 등극한 마르둑 신은 눈과 귀가 네 개인 뛰어난 청력과 시력을 가진 존재로 묘사된다. 시카고 대학 박물관에는 바람의 신 엔릴로 추정되는 신상이 있는데 얼굴 네 개가 네 방향으로 만들어져 있다.

이시무드

그림 18. 네 얼굴 신,
시카고 대학 박물관

페르시아 제국의 수도 페르세폴리스 왕궁의 거대한 원주 기둥 상단에는 뿔이 두드러지게 묘사된 황소 두상이 사방을 향해 사면으로 돌출되어 만들어져 있었다. 그런가 하면 알렉산드리아의 고고학 박물관에는 한 몸에 3개의 얼굴을 가지고 3면을 바라보는 스핑크스 상이 있다. 만약 이 조각이 벽면에 붙이는 형태가 아니었다면 사방을 바라보는 네 개의 얼굴로 만들어졌을 것이다.

그림 19. 세 얼굴을 가진 스핑크스 부조, 이집트

여러 개의 얼굴을 가진 신적인 존재에 대한 묘사는 고대 메소포타미아 문명에서 주변의 이집트나 아나톨리아와 그리스 그리고 동쪽으로 인도에까지 영향을 미쳤는데, 주전 2300년경 메소포타미아의 아카드 왕국은 이미 페르시아 만을 경유해 인더스 강가의 사람들과 관계를 맺었던 것이 밝혀졌다. 그래서 불교에서 상징적으로 쓰는 만자(swastika)도 이미 선사 시대부터 고대 메소포타미아에서 그 형태가 먼저 사용되었다. 고대인들의 주거지 사마라(samara)에서 발굴된 선사 시대의 토기 접시 가운데에도 만자 형태가 그려져 있다.

그림 20 만자가 그려진 주전 5천년 토기, 사마라, 페르가몬 박물관

후에 힌두교와 불교에서는 그리스 신화의 두 얼굴을 가진 야누스 신을 뛰어 넘어 동서남북을 바라보는 네 얼굴을 가진 신들까지 다양한 신들과 불상들을

만들었다. 그리고 독창적으로 더 발전하여 네 얼굴의 머리 위로 계속하여 탑처럼 또 네 얼굴을 쌓고 그에 상응하는 많은 수의 팔과 발들을 가진 독특한 형상을 만들기도 했다. 네팔 카투만두에 있는 스와얌부나트 사원은 네팔 최초의 불교사원으로 카투만두 분지가 내려다 보이는 높은 곳에 세워졌는데, 그 사원의 중심이 되는 수투파의 둥근 지붕 위에 사각 면을 만들고 매 면에 눈과 얼굴을 그려 넣은 첨탑이 있다. 이것은 세상 사방을 바라보는 네 개의 얼굴이며 지혜의 눈을 상징한다고 한다. 또한 티벳 불교의 성지 보우더나트의 수투파에서도 같은 모습을 찾아볼 수 있다. 그런가 하면 불교의 성지 앙코르 톰에는 사면이 모두 사람의 얼굴로만 새겨진 수십 개의 석상 군들이 있어 종교적 신비감을 더해준다.

그림 21. 사면 네 얼굴의 수투파

그림 22. 사면 네 얼굴의 앙코르 톰

본래 케루빔 천사는 네 개의 얼굴이 있었고 네 개의 날개에 온 세상을 바라보는 많은 눈들이 있었으며 그 날개 아래로는 네 개의 손이 있었다. 그래서인가 후에 만들어진 고대 앗시리아의 최고 신 앗슈르(Assur)는 날개가 크게 강조된 모습으로 네 개의 손이 그 날개 양쪽 아래로 두 개씩 길게 뻗어 내려져 있었다. 네 얼굴, 네 날개, 네 손은 본래 에덴동산 생명나무의 길을 지키던 수호천사 케루빔의 특징적 모습이었다.

그림 23. 날개 아래 네 손이 표현된 신 앗슈르, 시카고 대학 박물관

(4) 불타는 천사와 두루 도는 화염검

성경 에스겔서 1장에 그룹 천사의 또 다른 모습이 설명되어 있다.

　내가 보니 북방에서부터 폭풍과 큰 구름이 오는데 그 속에서 불이 번쩍

번쩍하여 빛이 그 사면에 비취며 그 불 가운데 단 쇠 같은 것이 나타나 보이고 그 속에서 네 생물의 형상이 나타나는데 그 모양이 이러하니 사람의 형상이라 (겔 1:4-5)

13-14절은 또 다른 모습을 보여준다.

또 생물의 모양은 숯불과 횃불 모양 같은데 그 불이 그 생물 사이에서 오르락내리락하며 그 불은 광채가 있고 그 가운데서는 번개가 나며 그 생물의 왕래가 번개같이 빠르더라 (겔 1:13-14)

불은 하나님의 품성과 관련이 있다. 불은 모든 것을 태워 깨끗하게 하는 속성을 가지고 있다. 모세는 불타는 떨기나무의 불꽃 가운데 나타나신 하나님을 만난다. 여기서 '불꽃'(히브리어:벨라바트-에쉬)이란 단어는 '창 끝'을 뜻하는 '레하바'에 '불'을 의미하는 '에쉬'가 결합된 형태이다. 그리고 이스라엘 백성들은 광야를 지나면서 불과 구름 기둥 가운데서 역사하시는 하나님을 체험했다

그리고 '하나님 여호와는 소멸하는 불'(신 4:24)이라고도 표현되었다. 선지자 이사야가 하나님의 거룩하신 보좌를 보고 자신의 부정함과 죄 된 것을 느끼게 되어 탄식할 때 천사 스랍이 하나님의 단에서 불이 핀 숯을 가지고 와서 그의 입술에 대며 네 악이 제하여졌고 네 죄가 사하여 졌다고 말씀하셨다(사 6:1-7).

또 성경에 '하나님의 말씀은 불'(렘 23:29)과 같다고 하셨으니 하나님의 말씀이 인간 속에 들어오실 때 마음의 악들이 소멸되고 빛이 비취며 불의

에너지처럼 하나님의 거룩한 능력이 그 속에 타오르는 것을 나타낸다. 예언자 이사야는 '보라 여호와께서 불에 옹위되어 강림하시리니'(사 66:15 상)라고 했고 오순절에 하늘에서 내려온 하나님의 성령은 불의 혀같이 갈라지는 모습으로 사람들 위에 임하시는 것이 보였다. 그리고 거룩하신 하나님께서는 세상의 죄 되고 타락한 모든 것을 마지막에 불로 심판하신다고 하셨다. 그래서 다니엘이 본 하나님의 심판의 보좌는 불꽃 자체였다.

내가 보았는데 왕좌가 놓이고 옛적부터 항상 계신 이가 좌정하였는데 그 옷은 희기가 눈 같고 그 머리털은 깨끗한 양의 털 같고 그 보좌는 불꽃이요 그 바퀴는 붙는 불이며 불이 강처럼 흘러 그 앞에서 나오며 그에게 수종하는 자는 천천이요 그 앞에 시위한 자는 만만이며 심판을 베푸는데 책들이 펴 놓였더라 (단 7:9-10)

에스겔이 목격한 하나님의 보좌 가까이 있는 네 생물의 천사는 일반 천사들과는 달리 폭풍과 구름 속에서 번개 치듯이 불이 번쩍번쩍하는 모습으로 나타났으며 타오르는 숯불과 횃불 모양이며 그 불 가운데 단 쇠 같은 것이 나타나 보이고 그 가운데서 번개가 치고 있었다. 구름 속의 불과 번개의 맹렬한 모습은 보는 이를 압도하는 경이로운 두려움이었을 것이다. 하나님께서는 이 그룹 천사로 하여금 에덴동산 생명나무의 길을 지키게 하셨고 또한 화염검 즉 불의 검이 빙빙 돌며 이 길을 지키게 하셨다. 이러한 불의 천사와 불의 검의 모습은 고대 인간이 남긴 신화와 유물 속에 일부라도 남아 있지 않을까?

바벨론의 신 마르둑은 신들과의 싸움에서 신들의 가장 어머니 격인 티아맛을 처절하게 죽이고 그 일당을 물리친 후 바벨론 최고의 신으로 등극한다. 그 마르둑은 눈과 귀가 네 개로 뛰어난 청력과 시력을 가졌으며 그 입에서는 불을 뿜어내는 신으로 묘사되었다[1]. 그래서 그를 상징하는 신성한 짐승은 입에서 불을 뿜는 용으로, 바벨론의 성벽에는 비늘이 덮인 몸에 앞발은 사자요 뒷발은 독수리이며 얼굴과 혀는 뱀이요 머리에는 뿔이 솟은 용의 모습의 부조가 상당수 새겨져 있었으니 바벨론 제국을 지켜주는 최고위 신의 모습이었던 것이다.

그림 24. 마르둑 신

가나안 북부의 고대 유적지 라스샴라에서 출토된 유물 중에 유명한 폭풍신 바알이 있다. 청동기 시대의 유명한 유적지인 이곳의 아크로폴리스에 있던 바알 신전에서 출토된 것으로 곡선 위에서 나무 줄기 형태의 번개창과 햄머같은 물체를 들고 있다. 이것은 폭풍신 바알이 구름 위에서 천둥과 번개를 치며 땅에 비를 내려주는 모습인 것이다. 이렇게 번개를 손에 든 신의 모습은 메소포타미아와 인근 지역에 널리 분포되어 있었다.

그림 25. 폭풍신 바알,
하다드, 주전 15-13c
우가리트. 루브르

그림 26. 천둥 신
알레포, 시리아

　고대 수메르와 메소포타미아 인근 지역의 신화에서 폭풍의 신은 언제나 최고위 신 또는 그 반열의 중요한 위치를 차지하고 있었다. 아마도 고대인들이 농사를 짓고 풍요로운 삶을 살아가는데 물이 중요했고, 구름 위에서 번개를 치며 비를 내리는 폭풍신이야말로 그들의 삶에 가장 중요한 신으로 받아들여졌기 때문일 것이다. 그런데 이 폭풍신의 손에는 항상 두세 개의 번개가 들려있었다. 그리고 폭풍신이 손으로 번개 가운데를 꽉 잡을 때 그것은 두 날의 검이나 삼지창의 모습이 된다. 폭풍신이 손에 쥔 창은 번개의 창이며 불의 검이 되는 것이다. 이러한 모습은 지역적으로 그리스나 터키에서 이란의 페르시아와 인도 주변에 이르기까지, 시대적으로는 수메르에서 헬라 로마에 이르기까지 그들의 신화와 종교 문화에 편만하였고 그 주변국들로도 퍼져나갔다.

인도나 네팔 등지의 힌두교나 티벹 불교 등에서는 화염검 곧 불길이 타오르는 검의 문양이 종교적으로 많이 사용되는데 그 의미는 지혜였다. 그들에게 있어 검 자체도 지혜를 상징하지만 불타는 화염검은 어둠을 밝혀주고 더더욱 완전하고도 예리한 지각을 상징적으로 나타낸다. 그래서 부처의 형상들 중에는 불 가운데서 명상하거나 상반신에 불꽃이 타오르는 모습들이 있다. 불타는 지혜의 화염검은 적과 악귀들을 물리치는 승리의 무기로도 사용되는데 그 모양이 양날의 단검이나 삼지창의 형태로 가장 많이 나타나 있다.

그림 27.천둥 기후 신
주전2000-.메트로폴리탄

그림 28. 삼지창과 시바

삼지창은 그리스나 로마에서 제우스와 주피터 신의 벼락을 상징하는 아이콘으로 사용되었다. 인도에서는 인더스 계곡을 중심으로 이루어졌던 고대 문명 하라판(Harappan civilization) 시기에 삼지창이 처음 나타났으며2) 아마도 루드라(Rudra)나 시바(Shiva) 신의 상징적 표상으로 사용되었던 것 같다. 그리고 힌두교에서는 삼지창을 시바 신의 3가지 능력 곧 의지, 지식, 행동을 나타내는데 사용했으며 점점 다양한 종교적 의미들이 추가 되어 힌두교와 불교에서 함께 사용하게 되었다.

번개 창 화염검은 수천 년이 지난 지금까지도 수호신의 상징물로 사용되고 있으니 네팔-티벹인들은 불이 붙어있는 형태의 삼지창을 집 주변에 세워두어 자신들을 지키게 하고 있다. 그리고 이 삼지창은 힌두교의 신전 주변이나 제단에 많이 꽂혀 있다. 이것은 하늘의 수호검이며 동시에 폭풍신의 번개 창으로서 비와 풍요를 주는 의미를 상징한다고 볼 수 있다.

그림 29. 불타는 삼지창으로 보호된 건물, 카트만두

그림 30 힌두신전
제단 앞의 삼지창

이러한 종교적 상징들은 시간이 흐르면서 더 많고 다양한 의미를 추가하면서 주변국들로 퍼져 그들의 종교 문화에 영향을 끼쳤으니 우리나라의 토속 종교 샤머니즘에서도 삼지창이 유사한 모습으로 제의에 사용되고 있다. 케루빔 천사와 함께 에덴동산을 지키던 신성한 화염검은 그 이후 인류의 다양한 종교 문화적 변형과 적용 속에 오늘날까지도 그 모습이 살아있는 것이다.

(5) Eye-temple과 Eye-idoles

성경에 나타난 그룹 천사의 또 다른 특징 중 하나는 '그 온 몸과 등과 손과 날개와 바퀴 곧 네 그룹의 바퀴의 둘레에 다 눈이 가득'한 것이었다(겔10:12). 이것은 세상만사를 꿰뚫어 보시는 하나님의 눈을 상징한다. 하나님 앞에 감추어질 수 있는 것이 하나도 없다는 것이다. 하나님의 눈은 하나님께서 세상의 모든 선악 간의 일들을 통찰하시고 악을 심판하시며 하나님의 선하신 뜻을 따라 보호하고 다스리신다는 것을 나타내는 것이다.

에덴 입구에서 그룹 천사를 목격한 사람들 중에는 천사의 몸에 가득한 눈에 주목하고 두려움을 느낀 사람도 있었을 것이다. 그리고 그 기억을 쉽게 잊지 못했을 것이다. 주전 4000년 기 말기의 고대인들이 남긴 유물들 중에 특이한 것의 하나가 눈 우상(Eye-idole)이다. 메소포타미아 북부 브락(Brak)이라는 유적지 텔(Tell)에서 수많은 눈 우상들이 한꺼번에 발굴되어져 사람들을 놀라게 했다. 비슷비슷한 이 유물들은 모두 눈으로 가득

한 신상들 이었다. 어떤 것은 눈이 세 개 또는 네 개이기도 했다. 학자들
은 그 신전을 '눈의 신전'(Eye-Temple)이라 불렀다.

그림 31. 텔 브락, 시리아 북부

이 우상은 사람의 모습인데 얼굴 전체가 오직 눈으로만 표현되었다. 몸
통은 손, 발 없이 직사각형 내지 사다리꼴형으로 단순화 되어있다. 목 위
에 얼굴이 있지만 다른 것 없이 오직 큰 눈만 있을 뿐인데 이 이상한 존
재는 오직 눈을 묘사하기 위해 만들어진 것 같다. 신전 제단의 대좌 위에
놓인 이 눈 우상들의 눈은 지극히 거룩함의 의미를 갖는 것으로 말하여진
다. 그 큰 눈은 마치 미지의 다른 세계를 응시하는 듯 하고 그 눈을 쳐다
보는 자들을 그 눈 속으로 빨아들일 것 같은 마력을 느끼게 하는 눈이다.
메소포타미아 신화 중 이난나(이쉬타르) 여신에 관한 이야기에는 다양하
고 흥미를 끄는 내용들이 많이 있다. 수메르인들에게 하늘의 여왕으로 불
리던 그녀가 어느 날 지하 저승의 세계까지 장악하고자 하는 욕심을 가지

그림 32 눈의 신 우상
알레포

그림 33 두 얼굴 신상.

고 돌아올 수 없는 땅인 음부로 하강한다. 일곱 개의 관문을 지나면서 그
녀의 옷과 보석의 치장물들이 하나씩 벗겨져 마침내 마지막 관문을 지났
을 때는 나체가 되어 저승 세계의 무서운 신들 앞에 무릎을 꿇고 엎드리
게 된다. 그리고 저승 신들이 그 눈으로 뚫어지게 쳐다보자 그녀는 죽고
만다. 이난나가 아무리 대단한 능력을 가진 하늘 여왕 같은 신이라 할지
라도 저승세계를 지키는 일곱 신들(아눈나키)의 눈 앞에서는 아무런 힘을
나타낼 수 없었거니와 죽은 시체가 되고 마는 것이었다. 신의 눈빛이 가
지고 있는 위력을 잘 묘사해주는 부분이다.

　이러한 신의 눈은 메소포타미아 주변 문명체로도 전해져 이집트나 인
도, 티벹까지 그 모습들이 보인다. 신의 눈은 특별한 종교적 상징물이 되
고 호신부로도 사용되어졌다. 고대 이집트 문화 속에도 커다란 눈의 형상
이 무덤 벽화나 유물 등에 자주 나타난다. 신의 아들로 표현된 파라오의
가슴에는 호루스 신의 눈으로 불리어지는 커다란 눈의 장식물이 있었다.

bara

그림 34. 수트파, 카트만두, 네팔

그림 35 파라오 장식물, 호루스의 눈, 이집

Nepal

그림 36. 제 3의 눈이 가득한 불상, 네팔

인도와 네팔의 힌두교 및 티벳의 불교에도 신의 눈의 형상이 자주 나타난다. 그들이 믿는 신들 가운데는 한 얼굴에 눈이 셋이나 넷인 경우도 있고 아예 머리부터 온 몸에 눈이 가득 새겨진 신도 있다. 티벳 불교의 성지인 가장 오래된 네팔의 수트파에는 신전 건물 중앙 지붕 위의 사각 면마다 사방 세계를 바라보는 커다란 눈이 그려져 있다.

에덴 생명나무의 길을 지키던 맹렬한 그룹 천사의 많은 눈은 인류 초기 및 고대 문명에 또 하나의 중요한 신화적 모티프가 된 것이다.

중앙의 생명나무를 지키는 수호 스핑크스

					SAG head
					NINDA bread
					GU$_7$ eat
					AB$_2$ cow
					APIN plough
					SUHUR carp
c. 3100 BC (Uruk IV)	*c.* 3000 BC (Uruk III)	*c.* 2500 BC (Fara)	*c.* 2100 BC (Ur III)	*c.* 700 BC (Neo-Assyrian)	Sumerian reading + meaning

상형문자에서 설형문자로의 형태 변화 예시(J.N.Postgate)

11장. 에덴의 문양들

성경에서 동생 아벨을 죽인 가인은 하나님이 내리신 벌이 중하고 사람들이 자기를 죽일까봐 두렵다고 하며 하나님의 자비를 요청하였다. 그리고 하나님께서는 그에게 어떠한 표(mark)를 주셔서 만나는 사람들에게서 죽임을 당하지 않게 해주셨다(창 4:10-15). 그렇다면 하나님이 가인에게 주신 표는 무엇이었을까? 어떤 모양의 표시였을까? 이제까지 누구도 정확히 설명할 수 없었다. 그 표는 분명 사람들이 눈으로 볼 수 있는 표였고, 또한 사람들이 그 표를 보았을 때 누구나 이 사람을 해쳐서는 안 된다고 공통적으로 느끼게 하는 표였을 것이다. 그렇다면 그 표는 신이 주신 보호의 표시로 보는 사람 누구나 인식할 수 있는 최초의 사인 곧 상형문자가 되지 않았을까?

고대 설형문자가 만들어지기 전 수메르인들은 상형문자를 가지고 있었다. 초기 상형문자의 형성 과정에는 어떤 사물이나 의미에 대하여 당시 사람들이 오랫동안 공통적으로 느끼거나 가지고 있던 개념이 하나의 표시로 표현되면서 이루어졌을 것이다. 대개 보이는 사물은 그것이 가지고 있는 특징이 그려져 그것을 볼 때 누구나 쉽게 그 사물을 알아볼 수 있는 표시로 상형문자가 생성되었다. 예를들면(188 쪽 도표 참고) 산은 삼각뿔의 모습으로(SP1), 산맥은 삼각뿔의 복수 형태로(SP2), 황소는 뿔 달린 소머리 부분이 특징으로(SP1 5), 물은 복수의 선을 곡선 또는 평행으로 그려 사용하였다(SP3). 물론 유사한 복수의 형태들도 존재했다(SP3).[2]

특히 아담과 하와로부터 에덴의 이야기가 전해져 그 후손들 대부분이 그 이야기를 알고 있었으니, 인류 초기부터 그들에게는 에덴을 묘사하는 어떤 공통된 이미지나 기호가 있었을 것이다. 그리고 그러한 것들이 초기 인류에게 오랫동안 공통적으로 사용되어지면서, 약간의 변화는 있었겠지만, 상형문자들의 하나로 자연스레 정착되었을 것이다. 그렇다면 인류 초기부터 전해 내려 온 사인이나 문양들 중에서 어떠한 것들이 에덴의 내용과 유사한지 살펴보는 것은 흥미로운 일이 될 것 같다.

우선 성경이 말해주는 에덴의 내용과 특징이 무엇이었는지를 살펴보면서 인류 초기부터 남아있는 기호나 문양들을 비교해 보면 연구에 도움이 될 것이다. 그리고 성경이 말한 에덴의 특징들이 어떤 표시나 그림으로서 인류 초기의 기호나 문양들 속에 남아있다면 그것들은 실제의 에덴을 증거하는데 또 다른 좋은 자료들이 될 것이다.

그러면 성경에 묘사된 에덴의 특징들은 무엇일까? 성경에는 에덴의 이야기가 간단히 묘사된 것 같지만 실은 많은 지형적 힌트들이 그 가운데 들어있다. 이것들에 대한 자세한 내용은 이전 장들에서 많이 설명되었으나 요약해 보면 다음과 같다.

첫째, 에덴동산을 히브리 언어적 표현으로 볼 때 산과 같은 자연의 울타리로 둘러싸이고 물이 흐르는 정원같은 곳이다. '동산'의 히브리어 ' gan:גן '.은 '울타리를 두르다'는 의미를 가진 동사형 ' ganan:גנן '에서 유래되었다.

둘째, 에덴의 땅 속에서 물이 솟아나왔고 이 물은 큰 물줄기가 되어 흐르며 에덴동산을 두루 적셨다.

셋째, 에덴의 강물은 동산을 적신 후 네 갈래로 나눠지고 네 개의 강이 되어 세상 사방으로 흘러내렸다.

넷째, 에덴동산에는 많은 열매 맺는 나무들과 각종 새와 짐승들이 있었고 특별히 신성한 나무 선악과와 생명나무가 있었다. 그리고 인간이 에덴에서 추방된 뒤 네 생물(사람, 소, 사자, 독수리)의 모습을 한 천사(그룹:케루빔)와 빙빙도는 화염검이 생명나무의 길을 지켰다.

만약에 성경에 기록된 에덴동산의 이러한 특징들이 사실이고 정말 아담과 하와가 그 자손들에게 이 사실을 전해주어 문명 인류의 조상들이 되었다면 그들이 처음 사용한 사인이나 상형문자들 속에는 에덴의 특징들을 보여주는 유사한 형태의 표시나 문양들이 남아 있어야 할 것이다.

그런데 놀랍게도 초기 인류가 남긴 토기나 인장 및 토판 등의 귀중한 유물들에서 그러한 특징들이 담긴 표시들을 쉽게 발견할 수 있으며 그것들은 모든 인종과 대륙 그리고 선사시대에서부터 고대 중세 그리고 현대에 이르기까지 공통적으로 사용하는 신성하고 특별한 기호와 문자 및 디자인이 되어 남아있다는 것은 흥미로운 사실이다.

수메르 초기 상형문자표(SP)

1	Mountain 산	△ ∧ ⌢			
2	Mountain range 산맥	(symbols)			
3	Water, River 물, 강	≈ == = ≈ ≋			
4	Well, Spring 우물	⊙ ● ⊡			
5	great perfect complete	○ ●			
6	Waterway 수로	(symbols)			
7	Fence (Bar) Enclosure	+	8	god star	✳
9	Temple, Palace 성소,왕궁,집 (Bar, Bara) House	(symbols)			
10	Encircled	□	11	10	○

12	3600	● ○	13	36,000	⊙
14	216,000	⊗	15	황소	(symbol)
16	에딘	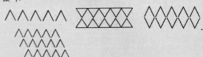			

* 초기 상형문자에는 한 단어에 여러 유사형태들이 존재하는 경우가 많으며 확정하기 어려운 문자들도 있다. 본 도표는 본문에 사용되는 상형문자 중 가장 표준이 되는 것들을 실었다. 본장에서 도표를 약칭 SP로 표기했다.

* 초기부터 기하학적 문양으로 나타난 것들도 있다. 예를 들면 산들 속에 있는 낙원을 표현하는 연속된 산 문양은 지그재그(∧∧∧∧∧) 형태의 무늬가 되고 연속된 산 문양이(△△△△△ , ▽▽▽▽)상하로 만나면서 그 사이에 마름모형이 만들어지는 경우들이 있었다.

∧∧∧∧∧   ⧓⧓⧓⧓⧓   ◇◇◇◇◇
∧∧∧∧∧
∧∧∧∧∧
∧∧∧∧∧

188

(1) 산과 에덴의 문양

그러면 첫째 특징부터 생각해 보자. 에덴동산은 어원적으로 산과 같은 자연의 울타리로 둘러쳐진 곳에 많은 물이 흐르는 모습이었다고 했다. 그런데 수메르인들이 남긴 초기 낙원(딜문)의 모습 역시 산으로 둘러싸이고 지하수가 솟아나거나 많은 물이 흐르는 곳이었다. '길가메쉬 서사시'에서 길가메쉬가 신들의 땅에서 영생을 누리며 사는 의인 우트나피쉬팀을 만나러 갔던 딜문(낙원)도 일곱 개의 산과 깊은 삼나무 숲을 지나 있었다. 또한 '엔메르카르와 아라타의 주'에서도 루갈반다가 찾아간 딜문 역시 일곱 개의 산을 넘어 있었다.

특히 고대 메소포타미아인들의 낙원 이미지를 새긴 니푸르의 인장은 우리에게 더 확실한 성경적 에덴의 모습을 보여주니 그 곳은 산이 울타리처럼 둘러쳐져 있고 그 안에 두 개의 특별한 나무가 있으며 케루빔을 연상케 하는 큰 날개를 가진 신수 둘이 있고 어깨에서 흐르는 물의 사인을 가진 지하 담수의 신(에아)이 산처럼 묘사된 또 다른 신의 몸통 곧 신성한 땅 속에 있는 모습을 보여주고 있다.

그림 1. 산으로 둘러쳐진 낙원을 묘사(안미자 스케치), 주전 2천 년 후반, 니푸르, 수메르

그런가 하면 주전 11세기 바벨론에서 출토된 한 인장의 토판에는 에덴의 생명나무와 케루빔을 연상시키는 신성한 나무와 그 나무를 양쪽에서 지키는 날개 달린 두 신수의 모습이 있다. 그런데 이것들이 상하로 둘러쳐진 산들 사이에 있는 것이다.

그림 2. 산울타리 속에 있는 낙원과 생명나무를 지키는 신수, 주전 11세기, 바빌론, 프라이부르그대학 박물관

고대 메소포타미아인들은 신들이 우주의 산에서 발생하여 높은 산 위에 산다고 생각하였다. 그래서 신들이 높은 산을 발로 밟고 서 있거나 신의 몸통 자체가 산들로 만들어져 있거나, 신들의 머리 위에 산을 상징하는 삼각 뿔 모양의 모자를 씌워 신으로 나타내곤 했다.[3] 그래서 초기 인류에게 산은 신이나 낙원과 관련한 신성한 문양이 되었다.

그림 3. 산들 위에 있는 신들의 모습. 신성한 나무 옆에 이쉬타르 여신이 서있다. 대영 박물관

그림 4. 앗시리아
시대의 신 앗슈르,
몸 하반신은 산들로
이루어져 있었다.
주전 14 세기, 앗슈르,
이라크, 베를린
국립박물관

그림 5. 산 형태의 뿔 관을 쓴 메소포타미아의
신들, 프라이부르그 대학 박물관

후에 힌두교나 불교에서도 우주의 산을 상징하는 메루나 수미산을 낙원의 땅으로 신성하게 여겼다. 그래서 초기 인류가 만들어 사용한 토기들에는 산이 토기 전체를 둘러 감싸는 모습들이 상당히 많이 있었으니 이러한 문양들로 둘러싸인 항아리 속의 물건들이 신이나 낙원과 관련되어 신성하고 풍성한 또는 영원한 의미를 전해주기 때문이었다. 특별히 죽은 자들의 사후 삶을 위한 물건을 담아 매장했던 토기들에 산과 물의 문양이 많이 사용되어졌으니 고대 세계에 낙원의 땅 딜문으로 알려진 바레인의 고분들에서 출토된 산과 물의 토기 문양은 그 의미를 더욱 확실하게 말해준다.

특히 동서고금을 막론하고 제례에 사용된 그릇이나 항아리들에 많이 새겨진 산과 물의 문양들은 신성한 나무나 짐승들과 함께 그려지기도 했는데 죽은 자가 신들의 땅 낙원에 들어가서 영생하며 살기를 갈망하는 신앙적 의미가 담겨 있는 것이다. 그림 7의 젬데트 나스르기는 수메르 도시국가 시대 초기로 주전 3200-2700 경이며 텔 우카일의 채색신전과 채색토기류가 특징이다.

그림 6.
산과 물, 조류, 중간
마름모꼴을 만드는 늑대
이빨 형태의 상하 산맥 문양
토기, 주전 4200-3900년,
수사

그림 7. 큰 산과 물 문양
항아리, 무덤 부장품,
젬데트 나스르기, 바레인
국립박물관

그림 8. 산과 물의
문양으로 가득한
항아리. 하일라 지역
주전 2000년,
에르주룸 박물관

그림 9.

그림 10. 신들과 내세 곧 낙원에 대한 염원을 담은 무덤 부장품 항아리, 산과 물 그리고 큰 조류의 문양으로 토기 전체를 감쌌다. 주전 3500-2890년, 이집트, 대영 박물관

그림 11. 오두막 단지, 주전 2500년 경, 산을 상징하는 삼각형 문양이 크게 지그재그 형태로 용기 전체를 감싸고 있다. 그 아래에는 달신(난나)의 제단이 새겨져 있다. 바레인 국립 박물관.

그림 12.
산으로 둘러싸인
낙원에 대한 염원을
담은 무덤 부장품
항아리,
주전 2천 년 기,
이집트, 대영 박물관

그림 13, 주전 5천 년
토기, 지그재그 산
문양, 수산

그림 14.
무덤 유품 항아리,
상중하에
지그재그 산 문양으로
토기 전체를 둘렀다.
urn,
케임브리지대학 박물관.

194

그림 15.
지그재그 모습으로
표현된
산의 문양으로 감싸인
토기,
주전 2700-2500년,
터키, 대영 박물관

그림 16.
지그재그 형태의
산으로 둘러싸인 토기.
주전 3000-2900년,
우르, 대영 박물관

그림 17. 우르의 왕
묘에서 출토된
황금 봉 위에 새겨진
지그재그 형의 산의
문양, 주전 2600년 경,
우르, 대영 박물관

어떤 이들은 때때로 삼각형의 작은 산들이 오밀조밀하게 새겨지거나
상하로 일정하게 또는 직선으로 배열된 모습을 보고 '늑대의 이빨'이라고

도 부른다. 이러한 문양들은 낙원이 산들 속에 있음을 나타내고 또 산들로 감싸 있음을 의미해주는 것으로 제기나 신전 의례 용기 등에 특히 많이 나타나니 죽은 자가 낙원에서 살기를 염원하는 의미를 담고 있다.

그림 18.작은 산들의 문양들로 디자인된 토기. 무덤 유물, 주전 2300-1600년, 대영 박물관

그림 19. 우르의 Standard 유물의 일부 모습. 늑대 이빨처럼 상하로 그려진 산의 연속된 모습이 전체를 감싸고 있다. 상하의 산이 마주치면서 사각 마름모형의 또 다른 디자인이 만들어진다. 주전 2600년, 우르, 유펜대 박물관

그림 20. 신에게 드릴 짐승을 잡는 모습, 테두리 산과 마름모 문양, 주전 3천년 기, 마리, 시리아

그래서 때로는 일정한 산의 배열이 지그재그로 그려지면서 신전이나 신성한 용기 그리고 왕 같은 지도자의 의상이나 고귀한 장식 등에 신적 권위와 위상 그리고 낙원과 영생 등의 의미를 가진 중요한 디자인으로 정착됐다.

힌두교나 티벹 불교에서 사용하는 문양 중 신들이 사는 낙원인 우주의 산 메루는 태양 한 가운데 솟아 있으며 일곱 겹의 황금 산맥이 원형으로 멀리 둘러싸고 있는데 물의 문양과 함께 있는 일곱 산맥의 모습은 소위 늑대 이빨의 형태로 묘사되어 있다.

수메르의 문명이 고대에 인더스 강을 통해 고대 인도 문명에 전해진 것은 이미 밝혀진 사실이며 산스크리트어로 메루(Meru)는 수메루(Sumeru)라고도 불리어진다.[4] 또한 '수미', '소미르' 등은 산스크리트어 '수메루'의 음사이며 이것이 불교에 도입되어 오랫동안 수미산으로 신봉되어 온 것이다.[5]

그림 21. 우주의 산 메루 상상도

그리고 이런 문양들은 시대와 지역에 상관없이 퍼져 나갔으니 같은 문양이 중국과 가야 및 신라 시대의 제기들에까지 또렷이 새겨져 있다. 동서고금을 막론하고 산자나 죽은 자들이 모두 산들로 둘러쳐진 낙원에 들어가 영생하기를 바라는 마음이 나타나 있는 것이다.

그림 22. 제기 뚜껑,
주전 3-2c, 사원 출토,
아프카니스탄

그림 23. 삼한 시대 청동거울, 평북 대동, 한국

그림 24. 중국의 제기에 나타난 산의
연속된 문양, 무덤 부장품, 주전 1세기,
중국

그림 25. 신상과 서수가 함께 새겨진
산과 물 문양의 청동거울, 3세기 말,
구로즈카 무덤, 일본

그림 26. 마리 닌후르사그 신전
제단 아래서 출토된 유물,
예배 시 사용된 것으로 추정,
닌후르사그는 신들의 어머니로서
'산의 여왕'(Mistress of the
Mountain)으로 불리어졌다.
그래서 이마에 빗살 쳐진 큰
삼각형의 산들이
위 아래로 연속하여 두 단으로
그려있고 그 위 아래로
다시 작은 지그재그 형태로 표현된
산들이 묘사되고 있다. (고대에
지그재그 문양은 신들의 땅
곧 낙원의 산을 상징하는 문양으로
사용되었다),
주전 3천 년, Deir ez Zor
박물관, 시리아

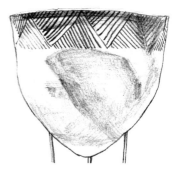

그림 27. 신석기 독널(Jar Coffin),
죽은 자의 유골을 보관한 항아리,
빗살 쳐진 산 문양, 진주,
중앙국립박물관, 한국

그림 28. 가야 제기의 지그재그
산 모양, 가야 박물관

또한 수메르 초기 상형문자에서 점이 있는 원형은 우물(샘)의 의미로 산의 문양과 함께 있는 원의 문양은 낙원의 신성한 지하수 샘을 상징하는 것으로 해석할 수 있으며 신라의 토기들에도 나타나 있다.

그림 29. 청동기 시대의 흑토기,
상형문자 우물의 문양으로 토기 전체를
감쌌다, 에르주룸, 터키

그림 30.
네 개의 삼각형 산 사이에
있는 사각형의 encircled
area 안에 있는 우물 문양,
청동 전기, 터키

그림 31. 신라 제기의 산과
우물 문양, 경주 국립 박물관

그림 32. 제기에 새겨진
산과 우물의 연속된 모양, 무덤
부장품,
주전 1세기, 중국

사후에 낙원에 들어가고 싶어 하는 고대인들의 이러한 생각은 바레인 섬의 사막에 묻힌 청동기의 수많은 무덤들과 그 속에서 출토된 유물들을 통해서도 알 수 있으니, 당시 바레인 섬은 신들의 땅 딜문(낙원)으로 알려졌기에 고대의 많은 이들이 그 섬에 묻혔던 것으로 설명되고 있는 것이다.

그림 33. 청동기 고분 군, 바레인

그림 34. 다른 고분 군, 바레인

그림 35. 무덤 출토 유물들, 바레인

물론 초기 인류가 물가나 계곡에 접하여 살면서 쉽게 산과 물 문양을 토기에 그려 넣을 수 있었을 것이라고 말할 수도 있을 것이다. 그러나 산이 없는 메소포타미아 대평원의 많은 도시들이나 아프리카의 드넓은 사막 속에서도 이와 같은 문양들이 출토되고 시대적으로나 지역적으로 거의 유사한 문양들이 신석기에서 청동기, 철기에 이르고 메소포타미아에서 아프리카, 유럽, 아시아 그리고 남태평양의 섬들에 이르기까지 골고루 분포되어 있다는 것은 고대인들이 간직한 낙원과 영생에 대한 공통적 관심과 의미가 인류 번성과 이주 과정을 통해 전해 내려 온 것이라고 말할 수 있다.

그림 36. 주전 4천 년,
터키, 이스탄불 국립박물관

그림 37.
산 문양 토기,
주전 4400-3900년,
상 이집트, 대영
박물관

그림 38.
청동 중기, 라기쉬,
이스라엘, 대영 박물관

그림 39.
19c, 남태평양 피지,
에딘버러 박물관

그리고 이러한 산의 형태인 삼각뿔은 신이나 낙원과 관계된 신성한 사인의 하나로 여겨져 신전이나 제례 용구들의 문양은 물론이거니와, 왕이나 지배자들이 자신들이 신의 아들 또는 신에 의해 임명된 자로서의 권위가 있음을 나타내기 위해 의상이나 장신구, 무기 등에도 계속 사용하여 왔던 것이다.

그림 40.
우르 여왕의 장식,
주전 2600년 경, 우르, 대영 박물관

그림 41
모신 닌후르사그
신전 입구 기둥 문양,
주전 2500년 경,
우바이드, 대영 박물관

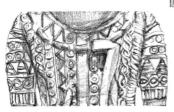

그림 42. 제사장 또는 왕의 사신 의상, 산과 우물 물줄기 문양 장식, 18C, 에딘버러 국립박물관

그림 43. 스핑크스 상아 장식, 주전 9-8c, 어깨 위의 산 문양, 님로드, 대영 박물관

그림 44.
신의 제단에 사용된 신상 받침대의
산 지그재그 문양, 청동 전기, 에르주룸 박물관, 터키

그림 45.
사당 신목에 새겨진 산
문양, 원시 무기와 가
보, 18c, 통고, 에딘버
러 박물관

그림 46.
뿔잔 장식의 말 토기에
새겨진 삼각 문양,
5세기, 호림 박물관, 서울

그림 47. 지그재그
문양의 의상을 입은
여인,주전 6천년, 터
키, 이스탄불 박물관

그림 49.
남자 하니와 의상
문양, 요쓰즈카 무덤,
6세기, 도쿄 박물관,
일본

그림 48 몸의 여러 곳
에 지그재그 산의 문양
을 새긴 신상, 청동 전
기, 루브르

그림 51.
주전 2.3-1.6천 년,
누비아, 대영 박물관

그림 50.
주전 5-3천 년,
터키, 이스탄불 박물관

그림 52.
주전 4.4천 - 3.9천년,
badarian 상이집트,
대영 박물관

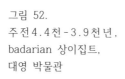

그림 53.
주전 3.5천 년, 신석기,
gansu지역, 중국,
Majiayao culture,
대영 박물관

그림 54.
주전 3-2.8천 년,
하라판 문명, 뉴델리
박물관

　또한 단순하게 이어진 산의 모양은 다양한 변화를 거치면서 의미보다 기하학적 형태의 디자인으로 발전해 나가기도 했다. 예를 들면 산이 수직 또는 수평으로 마주보고 꼭짓점을 만나게 하여 사각형의 기호를 만들고, 산이 빗살로 채워지면서 많은 삼각형을 만들어 기하학적 문양을 만들거나 직선이 곡선화 되면서 역동성의 다양한 변화를 가져왔다.

　특별히 사방으로 네 개의 물줄기를 나누어 흘려보낸 에덴동산의 지형은 대략 네 개의 산이 사방으로 감싸진 것으로 보이니 도면 상 네 개의 산이 꼭짓점으로 만나는 중간 사각 지역은 특별한 곳이 된다. 그래서인가 수메르 초기 상형문자에서 마름모꼴의 사각형은 산의 울타리 속에 있던 에덴처럼 '좋은, 좋은것, 좋음, 달콤한'(good, good things, goodness, sweet)의 의미를 가진 상형문자로도 사용되었고6), 때로는 메소포타미아신화에서 낙원에 물을 올려준 태양을 상징하는 문자로도 쓰였다.7) 표지그림은 우리에게 이런 모습을 잘 보여주는데 네 개의 산 사이에서 사각형을 만들고 그 안에 다시 우물의 상형문자가 있는 것은 성경적 에덴의 이미지를 그대로 잘 보여준다.

그림 55.
초기 신석기
카흐라만마라쉬
박물관, 터키

그림 56.
주전 3.2-2.6천
년,하라파,파키스
탄, 뉴델리박물관

그림 57.
큰 산 문양
토기,청동기,
알레포 박물관,
시리아

그림 58.
주전 2천 년,
에르주룸 박물관,
터키

그림 59.
주전 2.5-2천 년 제기,
Folkton, 영국, 대영
박물관

(2) 샘과 에덴의 문양

둘째로 성경에서 에덴의 또 다른 중요한 모습은 땅 속에 깊이 고여 있던 물이 땅 위로 솟아올라 강물처럼 흘렀다고 한 것이다. 그렇다면 아담의 후손에게 구전된 에덴의 이야기에서 땅 속에서 솟아나오는 샘은 신이 인간에게 베푼 생명과 풍요의 원천으로서 가장 중요한 이야깃거리의 하나가 되었을 것이다. 그리고 에덴에서 쫓겨났지만 여전히 에덴 가까이서 살던 초기 인류는 에덴에서 흘러내린 강줄기와 주변 샘물들 근처에 살면서 낙원의 신성한 샘에 대한 이미지를 가지고 있었을 것이다. 그래서인지 후에 만들어진 메소포타미아의 낙원 신화에서 제일 중요한 한 부분은 땅속에 있는 담수의 신 에아가 지하수를 땅 위로 올려주어 낙원이 만들어지게 했다는 것이다.

이처럼 낙원과 샘은 인류 초기 이야깃거리의 중심에 있었으며 수메르 왕명록에 기록된 인류 최초의 도시 에리두에서는 바로 그 에아 신을 섬기던 신전과 신성한 우물이 주전 5천 년의 지층에서 발굴된 것이다. 그리고 우물물을 신성시하고 숭배하는 신앙은 그 속에 용이 사는 신화로 발전하여 전해졌으니 에아는 깊은 물속에서 그의 아내와 그에게 속한 많은 창조물들과 함께 용왕처럼 살았고 그가 심연에서 낳은 마르둑은 바벨론 최고의 신으로 등극하였으며 용으로 묘사되었다.

이미 전술한 바와 같이 바레인의 에아 신전터에는 신성한 우물의 흔적이 여전히 남아있으며, 주전 2000년 경 찬란한 문명 왕국을 이루었던 유프라테스 강가의 마리 왕궁에도 신성한 우물이 있고 손에 생수의 물병을 들고 있는 이쉬타르 여신도 출토되었다.

그림 60. 마리 왕궁, 주전 2천 년, 마리, 시리아

우리나라도 고대로부터 우물과 용에 대한 신화와 신앙이 전해졌으니 경주 분황사 경내에 있는 우물 속에는 용이 살면서 나라와 분황사를 지켜준다는 전설이나 신라의 건국 왕 박혁거세의 나정이란 우물가의 신화, 우물에서 용알 뜨기 같은 민속 신앙들을 찾아볼 수 있다.

그림 61. 나정, 신라, 경주

그렇다면 수메르 최초의 상형문자들 속에는 우물과 관련된 어떠한 표시들이 남아있지 않을까? 수메르 상형문자 연구가 Barton이 조사한 바로는 우물과 수로에 대한 표시들이 다음과 같이 여러 형태로 있었다.(SP4, SP6)[8]

그런데 상형문자에서 (●, ○)는 'KHA'로 발음되면서 'complete, perfect, great'의 의미도 가지고 있었다.[9] 우물은 신이 준 완전하고 위대한 완성품이라는 의미로도 생각해 볼 수 있다. 물은 자연적 생명의 근원이 되니 그럴 수 있다. 그런데 이 문자들을 숫자로 풀어도 그 의미가 나온다. (○)는 그 당시 숫자로 사용될 때 3600을 나타냈는데 이것은 60진법으로 60X60의 수이다. 그리고 이것을 십진법으로 표기하면 10X10 즉 100을 나타낸다. 다시 말해 3600(60x60)은 100(10x10)처럼 꽉 채워진 충만한 상태이니 3600은 'complete, perfect, great'의 의미를 가질 수 있는 것이다. 성경에도 100배, 60배, 30배의 결실을 맺는다는 말씀이나(마 13:23), 금세에 100배나 받으리라는 말씀(막 10:30) 모두가 그러한 의미를 내포하고 있다. 그리고 수메르어에서 이중으로 반복되는 말은 상위 개념이며 숫자적으로는 곱하기와 같은 의미를 갖는다. 예를 들면, 아버지란 단어 ada가 두 번 겹쳐져 adada가 되면 할아버지라는 의미가 된다.

상형문자로 된 숫자에서 작은 원은 10을 나타낸다. 그래서 큰 원 속에 작은 원(◉)이 있으면 이수는 3600X10으로 36000을 나타낸다. 그런데 이 부호는 주전 3000년 경에 우물을 나타내는 상형문자로 사용되어졌으니, 우물은 보편적 완전함과 충만함의 3600을 훨씬 넘어 36000의 더 큰 완전함과 충만의 상태를 의미하는 것이 된다. 여기에 네 방향의 물줄기가 추가된 문자(SP14)는 21600(60x60x60)의 수를 나타냈다.[10] 100(10x10)이 인간적으로 충만히 꽉 찬 수라면 1000(10x10x10)은 하늘에 속한 특별한 수처럼 여겼다. 60진법으로 3600(60x60)이 인간적으로 충만한 수라면 36000(3600x10)이나 21600 (60x60x60)은 그 이상의 훨씬 뛰어난 그리고 하늘에 속한 의미가 있다. 네 물줄기가 사방으로 퍼져나가는 샘은 에덴에 있는 샘의 전형적 모습이며 이 상형문자가(SP14) 신성한 의미의 숫자를 갖는 것은 우연이 아니다. 초기 인류가 가진 우물에 대한 신성한 개념과 신앙의 뿌리를 여기서 볼 수 있다.

그리고 원이 여러 겹으로 그려지는 동심원이나 나선형의 문양들도 문명 초기부터 보이는데 이제까지 그것에 대해 분명하게 설명되어진 것은 없다. 그러나 에덴에 대한 성경의 묘사를 참고하면 쉽게 풀이된다. 에덴은 땅에서 솟아오르는 물의 양이 상당히 많아 그 물이 강이 되어 흘렀다 했으니 땅 속에서 힘차게 솟아나온 물이 호수처럼 고이고 퍼지는 모습이 마치 땅에서 솟아나오는 용천수처럼 동심원으로 보였을 것이다.

저자가 뉴질랜드의 '와이오 타푸'(Wai-O-Tapu) 온천 지역을 방문하였을 때 땅 속에서 솟구쳐 오르는 많은 물들이 동심원을 그리며 퍼져나가는 것을 보았다. 원주민들은 그 물을 '신성한 물'(Sacread Waters)로 불렀다. 특히 Hangurua 샘은 매시간 올림픽 수영장 두 개를 채울 정도로 많은 양의 물이 샘에서 솟아올라 주변에 아름다운 숲과 강을 만들면서 대호수를 이루었다. 이 물들은 화산의 작용 속에 생긴 지하수의 샘들로 마치 에덴의 샘을 연상케 한다. 에덴의 땅 엘라즈의 대평원도 그 중심부의 축이 화산암들로 구성되어 있어[11] 이러한 용천수가 많이 솟아오를 수 있었던 곳이다.

성경은 솟아오른 물이 강이 되어 흘렀다고 표현했다. 수메르어로 에딘

그림 62. Hangurua 샘, 뉴질랜드 북섬

그림 63. 동심원으로
솟는 샘물

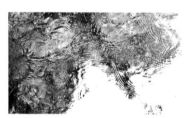

그림 64. 샘에서 여러 개의물줄기들
이 솟아올라 서로의 동심원을 그리며
퍼져 나간다.

(Edin)이란 말의 뜻은 '생명의 물'이었고 그 생명의 물이 땅 속에서 나오
는 모습은 동심원이었으니 동심원은 생명 또는 생명의 땅, 생명의 원천을
나타내는 문양으로 표현될 수 있었을 것이다.

그림 65.
Hangurua 샘에서 솟은 물이 시내와 강을 이룬 모습

또한 에덴에서 추방된 사람들이 다시 에덴 안으로 오지 못하도록 생명
나무의 길을 지키던 '두루 도는' 화염검도 에덴동산 밖에서 에덴동산을 바
라보며 살았던 초기 인류에게 신의 수호자로서의 나선형(spiral)의 이미지
를 더하여 주었을 것이다. 히브리어 성경(창 3:24)에서 '두루 도는'(미트하
페켓, : whirling-HCSB, turning itself-YLT, turned every way-KJV,
flashing back and forth-MV, turned every direction-NASB)이란 말
은 '스스로 도는'의 의미이다.[12] 따라서 이러한 나선형 문양 역시 동심원
과 함께 신의 땅 낙원과 관련된 신성한 이미지로 사용되었을 수 있다.

그래서인가 동심원과 나선형의 문양들이 사후 세계의 낙원을 그리워하
는 이들의 무덤 유물들과 장식품들에서 종종 보이며 특히 왕과 같은 고귀

한 자들의 무덤 입구나 둘레의 바위에 더 나아가 무덤 터널 벽과 안치실에 까지 여러 곳에 문양들이 새겨져 신성한 장소를 보호해주는 표시로 사용된 것을 볼 수 있다. 그 외에도 황금 장식물에 지그재그 산 문양이나 마름모 또는 꼬여 흐르는 물의 형태와 함께 종종 사용되어서 낙원의 이미지를 더해주는 것이다.

그리고 이런 문양들은 오랜 전통을 간직한 원시 원주민들과 인디언 등의 추장들이나 주술사 등의 의상이나 그들의 수호신의 문양으로 나타나며 또한 생명을 지켜주는 주술적 보호 방패나 제기들의 문양으로도 사용되어졌다. 특히 남태평양 마오리 족이 집과 마을을 지켜주는 거대한 나무 수호기둥과 신상을 세우면서 그 수호신의 몸과 기둥에 수많은 소용돌이 문양을 새겨놓은 것을 볼 수 있다.

그림 66.
주전 3.5-3.2천 년,
Naqada 2기 무덤
부장품 토기
(신과 내세에 대한
신앙이 표출되던 문화
시기), 아프리카,
케임브리지대학 박물관

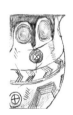

그림 67.
소용돌이 문양,
주전2-1.8천 년.
사이프러스

그림 68.
황금 장식물, 우르
왕릉, 청동 전기,
펜실베니아대학 박물관

그림 69 잉카 왕의
황금 장식물,마드리드

그림 70.
청동 전기 목걸이 장식,
바락, 시리아

그림 71 동심원과 나선형 문양의 신석기 터널 무덤, Width 76m, Newgrange, 3200 BC, Ireland

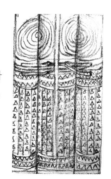

그림 72.
원주민 방패
보호 문양
산과 지그재그와
소용돌이 문양,
20c, 파프아
뉴기니아
에딘버러
국립박물관

그림 73.
마오리족 수호신과
소용돌이 문양,
오세아니아,
케임브리지대학 박물관

그림 74 힌두나라 네팔의 전통 수호신과 이마의 동심원 문양, 카트만두

그림75 동심원의 문양으로 가득찬 힌두신의 모습, 네팔

그림 76 동심원 장식으로 표현된 전통적인 생명나무 모습, 멕시코

그림 77 배의 선두 선미에 세워 배의 안전을 기원하던 전통 깃발. 늑대 이빨 문양의 산들과 나선형 보호의 표시가 함께 새겨져 있다. 타이완 섬 원주민들의 배, 타이완

.
그림 78
마리왕궁 벽화

수호 스핑크스와
수호 소용돌이
문양이 함께 그
려져 있다. 주전
18c, 루브르

<가인의 보호의 표>

성경 창세기 3장 15절은 다음과 같이 말한다.

"여호와께서 그에게 이르시되 그렇지 아니하다 가인을 죽이는 자는 벌을 칠 배나 받으리라 하시고 가인에게 표를 주사 그를 만나는 모든 사람에게서 죽임을 면하게 하시니라"

동생 아벨을 죽여 최초의 살인자가 된 가인이 하나님의 벌을 받은 후에 자신의 죄벌이 너무 무거우며 자신을 만나는 자들이 자신을 죽일 것이라며 탄원하자 하나님께서 그에게 보호의 표를 주셔서 사람들에게서 죽임을 면하게 해주신다는 말씀이다.

여기서 가인이 받은 보호의 표는 무엇이었을까? 이제까지 분명치 못한 몇 가지 추측들이 있었다. 그러나 필자는 본서를 통하여 가인이 하나님으로부터 받은 보호의 표가 나선형의 문양이었을 가능성에 대해 구체적으로 주장한다. 가인이 받은 표는 문맥상 가인의 추방과 함께 바로 효과가 나타나야 하는 것으로 그 당시 모든 사람들이 인지할 수 있었던 신의 보호의 표시가 되어야 하는 것이다. 그렇다면 인류 초기부터 사람들이 인지하고 있던 신성한 보호의 사인은 무엇이었을까?

그것은 두 가지로 설명될 수 있다. 하나는 에덴동산 생명나무의 길을 지키는 그룹 천사이고 다른 하나는 같은 수호도구로서 빙빙 도는 화염검이다. 이 두 가지는 성경적으로 볼 때 당시 모든 사람들이 에덴 밖에서 그 실체를 보거나 들어서 익히 알고 있는 사건이었다. 그런데 그룹천사

상은 신성하며 신비하여(참고 에스겔 1장) 사람들이 3차원적 표현으로 쉽게 나타내기 어려운 모습이고 두루 도는 화염검은 단순한 나선형의 형태로 작고도 쉽게 표시되고 누구나 쉽게 알아볼 수 있는 수호의 형상인 것이다. 그리고 이제까지 고고학으로 밝혀진 수많은 유물들이 인류초기부터 다양한 지역에서 나선형의 문양이 신적인 보호의 표시로 사용되어 온 것이 그 좋은 증거가 될 수 있다. 그룹천사의 모습은 후에 고대 인류에게 스핑크스의 모습으로 묘사되며 수호자로서 사용되나 특별한 경우 곧 왕궁이나 그의 무덤 또는 신전 앞에 대형으로 세워지는 것이 관습이 되었다.

그런데 나선형의 문양은 왕이나 제사장 등 특별한 이들이 자신들의 신적인 권위와 보호를 나타내는 사인으로 사용한 것은 물론 대중적으로도 널리 신성한 보호의 사인으로 사용되어 졌다.잉카 왕의 손에 들려진 황금 장식물과 아프리카 추장의 머리관에 새겨진 문양이 신성한 나선형과 생명나무의 의미를 함께 보여주고 있다. 캄보디아 불교에서 부처의 손바닥에 나선형

그림79 부처 손의 수호 동심원

문양이 새겨져있는데 그 의미는 부처가 고통과 불행을 막아준다는 표시로 근자에까지 사용되어 왔다는 것은 놀라운 일이다. 고대로부터 사람들이 그것을 보호의 사인으로 알고 사용해 온 것이다. 우리나라 통도사에도 왕이 예불을 와서 머무는 처소와 고승들의 위패가 모셔져 있는 특별한

그림 80 나선 문양확대 사진

건물 처마 밑에는 이 나선형의 사인이 감추어진 듯이 그려져 있으니 그시대 우리나라의 승려들도 이 의미를 알고 있었다는 것을 말해준다. 태극문양과는 다른 것이다.

오늘날도 아마존이나 아프리카 원주민들이 하는 전통 문신에 특히 얼굴에 나선형의 문양이 그려져 있는 것을 간혹 볼 수 있다. 특별히 고대 마야 문명의 후예인 멕시코인들이 전통적으로 만든 생명나무 좌우에 남녀가(아담과 하와?) 있고 그 얼굴과 몸에 나선형의 문신을 하고 있는 것도 눈여겨볼만한 일이다.

그림 81 생명나무와 두 사람

그림 82 몸에 새겨진 나선문양 중남미문화원

그림 83 태국사찰 수호신

태국불교의 한 사찰 정문에 세워진 신수가 앞발을 들고 있는데 그 발바닥에는 나선형의 문양이 불을 상징하듯 붉은 빛깔로 선명하게 새겨져 있다. 이곳에 아무나 들어올 수 없다는 것이다. 온 몸에 나선형 문양을 여기 저기 그려서 자신이 신성한 존재임을 과시하면서 이곳을 보호하는 수

문장 신성한 수호자라며 나선형 문양의 표가 새겨진 발을 들어서 보여주는 것이다. 인류 초기 에덴이 있던 메소포타미아 문명권에서 나타난 나선형 문양은 사방으로 퍼지며 후에 인더스 강가의 힌두교 그리고 그 토양속에서 발생한 불교에서도 그 의미가 전수 발전되어진 것이다. 중국 도교에도 이 신앙이 간직되고 있으니 한 신당 앞에 나선형의 조각물이 크게 새겨져 서 있는데 이 자리는 본래 신적 보호의 상징으로 신수가 세워지는 자리이다

성경의 에덴을 찾는 일은 이렇듯 중요하다. 허망한 일이 아니다. 에덴에 얽힌 여러 가지 사실들은 인류초기와 고대 문명과 종교 등에 은밀히 숨겨져 있는 의미를 찾아내고 바르게 해석해주는데 도움이 될 수 있기 때문이다. 범죄하고 벌을 받아 멀리 추방되는 가인에게 하나님이 주신 자비의 증표인 보호의 사인은 그를 만나는 모든 이들이 쉽게 알아보고 그를 해치지 않는 신의 보호의 표인 것이었고 그것이 바로 신성한 에덴동산을 지키던 빙빙 도는 신의 화염검인 나선형 문양의 표였다고 말할 수 있는 것이다.

그림 84 중국 도교 신당 앞에 세워진 나선형 문양의 물건. 이 자리는 본래 수호신이 서 있는 곳 이다. 앞면과 측면 3사진이 합성되어 있음. 말레시아

그리고 수메르 상형문자에서 사각형은 'enclosure'의 의미로 어떤 구별된 장소를 나타내며 그 안에 원이나 점(⊡)이 있을 때는 역시 우물의 의미가 된다.[13] 이것은 마치 자연의 울타리인 산으로 둘러쳐진(enclosed) 에덴동산이라는 특별 장소 안에 샘이 있었음을 보여주는 것이다.

그림 85.
주전 4천 년 토기,
네 개의 산 사이의
특정사각 지역과 샘,

그림 86. 주전 5300년
토기, 산으로 둘러쳐진
지역에
4개의 산과 4개의 물줄기,
그 중심의 구별된 사각
장소와 샘 문양 (에덴의
지형특징을 그대로
보여준다). 터키

그리고 7장에서 이미 설명한 바와 같이 수메르어 에딘을 나타내는 최초의 상형문자는 땅 속에 있는 물을 상징하는 물병 속의 물이 밖으로 흘러나오는 모습인 것이다.(sp16) 그런데 어떤 경우에는 깊은 땅 속을 묘사하기 위해 물병의 불룩한 부분이 상하 두 개로 그려지기도 했다(SP16)[14] 그리고 이 물병들은 고대의 많은 조각과 그림 속에서 신들의 손에 들려있고 그 물병에서 밖으로 생수가 솟아나와 퍼지며 신들이 세상에 축복을 주는 생명의 물로 묘사된 것이다. 이것들은 성경에 묘사된 에덴의 특징 중 땅속에서 솟아나온 물을 그대로 묘사해주는 중요한 상형문자인 것이다. 대표적으로 이스탄불 박물관의 고대 신전의 신성한 물 수반대 조각과 마리 왕궁의 왕의 취임식 벽화나 이쉬타르 여신의 손에 들려진 물병을 통해 볼 수 있다.

그림 87. 닝기르수 신전에 있던 심연의 물 수반,
여신의 손에 들린 에딘의 물병에서
물이 솟아 흐르는 조각이 수반 전체를 둘렀다.
청동 전기, 기르수(텔로), 고대 동양 박물관, 이스탄불

그림 88. 주전 18세기 마리 왕 취임식 벽화의
일부. 여신의 손에 들려진 물병에서 4줄기의 물이
솟아나와 사방으로 퍼진다. 물에는 물고기들이 있어
낙원의 창조신이요 지하수의 신 에아의 어깨에서
흐르는 물을 연상시켜 준다. 그림 외곽이
소용돌이 문양으로 둘러쳐져 있다. 마리, 루브르

(3) 네 강과 에덴의 문양

셋째 특징은 에덴의 땅에서 솟은 물은 동산을 두루 적신 후 네 줄기로 갈라져 세상 사방을 향해 흘러갔다는 것이다. 네 줄기로 갈라져 흐르는 물의 시작 곧 근원은 에덴동산 이었다.

네 줄기나 네 방향은 십자 형태로 쉽게 쓸 수 있는데, 인류 초기 인장들의 표시들 중에 자주 나타나며, 주전 6-5천년 대의 사마라나 할라프 등의 초기 토기들에는 물이 중앙에서 네 갈래로 갈라져 흐르는 십자형의 문양들과 조금 변형된 형태의 만자의 사인들이[15] 종종 나타난다.

그림 89.
주전 5-3천 년
인장, 가지안텝
박물관

그림 90.
주전 5-3천 년
인장, 가지안텝
박물관

그림 91.
주전 5-3천 년
인장, 가지안텝
박물관

그림 92.
주전 5-3천 년
인장, 가지안텝
박물관

그림 93.
주전4-3.2천 년,
유프라테스대학
박물관

그림 94.
주전 2.5-1.5천
년, 동이란, 대영
박물관

그림 95.
주전 5천년 기의 토기,사마라,중심에
물이 사방으로 퍼지는 만자가 있고
그 주위에 물고기와 그것을사냥하는
새들이 그려져 있다. 베를린
국립박물관

그림 96. 주전 2.7-2.5천
년, 물과 만자 문양,
이란, 대영 박물관

그림 97.
만자 문양이 새겨진 황금
물병, 주전 2.5-2천 년,
Mahmatlar, 아나톨리아
문명 박물관

주전 5천년 기의 어떤 인장에는 만자의 모습으로 사방으로 갈라져 흐르는 물과 그 옆의 짐승들 그리고 신성한 나무와 사람이 함께 묘사되어 있어 성경이 말해주는 에덴의 전형적인 모습을 보여주기도 한다. 또한 이미 언급한 우물의 초기 상형문자에서 물이 네 방향으로 나누어져 흐르는 모습이 더해질 때 그 문자(SP6)는 관개 수로의 의미를 가지니, 성경에서 에덴의 샘물이 흘러나와 동산 곳곳을 적신 후, 네 갈래로 나뉘어 네 개의 강줄기가 되었다는 말씀을 그대로 연상시켜 준다. 중국 한자에서 우물을 의미하는 '井'(정) 자도 수메르 초기의 상형문자와 유사해 보인다.

그림 98. 주전 3천년 만자 문양, 우르, 가지안텝 박물관

그림 99. 주전 3-2.8천 년, 하라파 문명, 뉴델리 박물관

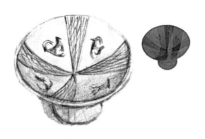

그림 100.

주전 5천년 토기, 이란

그림 101.

주전 5.2-4.2천년,

우르, 대영 박물관

그림102. 낙원 창조의 신 에아가 앉아있는 의자는 사각형 안에 사방 십자형으로 퍼지는 물줄기와 그 물이 테두리를 감싸고 흐르는 모습의 낙원의 땅을 묘사한 것으로 생각된다. 고대 이집트의 낙원 이미지도 그렇다. 현재 엘라즈의 지형도 유사하다. 에덴동산은 최초의 경작지로서 중국어 밭 전 자의 유래가 될 수 있다. 주전 이 천년, 프라이부르그대학 박물관

메소포타미아 신화에서 낙원을 만든 담수의 신 에아는 중요한 신으로 자주 등장한다. 한 인장에서 그는 신성한 나무 앞에 앉아서 다른 신들을 맞이하고 있는데, 에아가 앉아있는 의자는 사각형 안에 십자형으로 물이 나뉘어 흐르는 모습이다.

고대 메소포타미아인들의 개념 속에 낙원은 네 갈래로 나뉘어 흐르는 물의 이미지가 중요한 특징이었다. 그래서 고대 페르시아 왕들은 죽은 후 낙원에 묻혀 신들과 함께 영생을 누리고자 그 묘소를 사방으로 물이 흐르는 대정원의 중앙에 자리 잡게 했다.

그림 103.
후윤마의 정원 무덤, 뉴델리

그림 104.
사흐다르장의 정원 무덤, 뉴델리

그래서 에덴의 한 요소를 보여주었던 십자의 문양은 메소포타미아 초기 상형문자에서 특별한 의미를 가지고 있으니 이 십자형은 Bar로 읽혀지며 사선으로 중첩되면(✳) 신(dingir)을 나타내는 상형문자가 되고, '성소, 왕좌, 집'' 등의 의미를 가진 Bar_2나 $Bara_2$의 상형문자와도 연관이 있어 보이니[16] 그들은 4각 박스 안에 십자나 사선을 가진 형태이기 때문이다.

그림105.십자문양의 토기
청동기낙원 딜문의 무덤
출토, 바레인 박물관

그림 106.
주전 2.5-1.5천 년
인장, 동이란, 대영
박물관

그림 108
신(dingir)

그림 107
$Bara_2$
성소,왕좌,집

그림 109.
주전 2.6천 년
비문의 일부,
Shuruppark

그림 110. 신에게 드리는
봉헌물 용기, 4개의 산 사이에
십자형 이루는 문양, 주전
7-6c, kernos vessel,
Daunian, 대영 박물관

이미 설명한대로 사각형은 무엇으로 둘러싸인 특별한 장소를 의미하므로 사각형 안에 십자 표시가 있는 것은[17] 산과 같은 자연의 울타리로 둘러싸인 (ﬡ, encircled area) 특별한 장소에 네 개의 강줄기가 사방으로 나뉘는(田) 근원지로서의 에덴의 이미지와 일치한다.

따라서 에덴의 땅에서 샘물이 솟아오르듯이 양 어깨에서 지하의 샘물을 뿜어내는 에아가 (신성한 나무 앞에) 앉아있는 십자형의 물줄기 사각박스(田)는 그가 만든 낙원 곧 '성소와 신의 보좌'(Bar$_2$, Bara$_2$)를 상징하는 것이 될 수 있다.

그리고 이 문양은 십자형이 사각형 안에서 모서리와 연결되어 네 개의 삼각형 산을 만들면서 더욱 뚜렷하게 기하학적인 신성한 문양으로 나타났으니 초기의 토기에는 물론이요 우르의 황금 검을 비롯하여 왕이나 지도자들의 의상이나 장식 등에 많이 사용되어졌다.

그림 111. 신석기 토기, 삼각 문양 산 사이의 사각 박스와 십자문양, 터키 동부, 마라쉬 박물관, 터키

그림 112. 청동기 초기 장식물, 네 개의 산 사이의 십자 문양과 테두리 십자문양들, 터키, 아나톨리아 문명 박물관

그림 113. 주전 5.6-5.2천년 토기, Chagar Bazar, 대영 박물관

그림 114.
주전 5.6-5.2천 년 토기,
Chagar Bazar, 대영
박물관

그림115. 주전 2-1.8천년
토기, 십자와 X형 문양을
함께 사용한 토기,
사이프러스, 대영 박물관

그림 116. 황금검 집, 우측 신성한 산의 지그재그 문양과 함께 조각
된 사각형 안의 X 자 문양, 주전 2600년, 우르, 대영 박물관

그리고 이 문양에서 사면 밖으로 물이 나가는 초기 상형문자(SP9)는 '성소, 왕궁, 보좌, 집, 통치자'등을 의미한다. 이 상형문자 역시 'Bar'나 'Bara'로 읽혀지며, 사방이 자연의 울타리(동산:גן) 산으로 둘러싸였고(□: encircled) 거기서 네 방향으로 물이 흘러 나가는 에덴의 특징을 그대로 보여주는 상형문자인 것이다.

성경의 에덴동산은 하나님이 만드시고 인간을 만나시고 거니셨던 곳이니 성소(Santuary)요, 첫 인간 아담 곧 인류의 시조이며 왕 같은 조상이 살던 곳이니 왕궁(Palace)이요, 사람 아담과 하와가 살던 곳이니 집(House)이 되는 곳이다. 인류 최초의 상형문자 Bar$_2$나 Bara$_2$의 복합적 의미와 모습이 성경의 에덴을 그대로 나타내주는 것이다.

그리고 앞에서 보여진 바와 같이 신들의 손에 들려진 에딘의 물병에서 나오는 물줄기들도 대부분 네 개의 물줄기를 이루며 세상 사방으로 퍼지는 신의 축복을 상징한다.

또한 에덴의 샘에서 솟아 강처럼 흘러 동산 이곳저곳을 두루 적시는 물줄기의 형태는 물줄기들이 꼬여져 흐르는 모습으로 파악된다. 성경에 '강이 에덴에서 발원하여 동산을 적시고 거기서부터 갈라져 네 근원이 되었으니'(창 2:10)라는 말씀에서 '근원'(로쉬: ראש)이라는 단어는 '머리, 시작, 상류'의 문자적 의미와 함께 작은 지류들이 합류해서 강을 이루는 이미지도 갖고 있으니[18), 에덴동산의 이곳저곳을 나뉘어 돌던 작은 지류들이 네 방향으로 나뉘어 모이며 네 개의 강을 이룬 것으로 그려볼 수 있다.

그래서인지 신과 인간이 함께한 신성한 낙원의 문양들이나 신의 보호와 능력을 나타내는 방패나 검, 왕의 의상 장식 또는 영원한 삶과 번영을 소망하는 제기나 토기들 속에는 연속으로 꼬여진 물줄기가 함께 그려지는

경우들이 많다. 또한 흐르는 물은 간혹 연속되는 체크 표시의 줄로 묘사
되기도 했다.

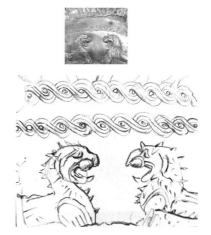

그림 117.
주전 5.6- 5.2천 년,
Arpachi, 대영박물관

그림 118. 우라르트 왕족의 방패 문양,
주전9-8c, 수호 짐승과
에덴의 물줄기 문양, 대영박물관

그림 119.
소용돌이와 동심원,
십자 문양이 함께 새겨진
티크 문양의 토기.
주전 2-1.8천 년,
사이프러스, 대영 박물관

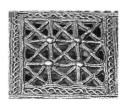

그림 120. 왕의 검 집
에 새겨진 물줄기 문양,
주전 2.6천 년, 우르,
대영 박물관

그림 121 정원 속의 생
명나무를 지키는 스핑
크스와 샘과 물 흐름의
문양, 주전 1 천년 기
, 님루드, 이라크

그림 122.

에덴의 상징인 생명나무와 그것을 지키는

천사 케루빔의 네 생물 모습을 한 스핑크스들,

그 주위를 샘과 흐르는 물의 문양이 감싸고 있다.

5층으로 구성된 황금 장식 판, 앗시리아,

메트로폴리탄 박물관

(4) 신성한 나무와 수호 짐승의 문양

에덴의 넷째 특징은 동산에는 많은 과실수들과 각종 새와 짐승들이 있었고 중앙에는 신성한 두 나무가 있었으며 후에 네 생물의 모습을 가진 천사가 생명나무를 지켰다는 것이다. 그런데 인류 초기 토기의 문양들이나 인장 및 장식들 속에는 이러한 모습의 이미지가 많이 남아 있다. 물론 초기 인류가 물 가까이 살고 농사와 목축을 하면서 물과 나무 짐승들에 대한 묘사가 어느 곳에서나 자주 나타날 수 있다. 하지만 여기서 말하는 것은 그러한 보편적 묘사들이 아니고, 앞에서 설명한 것과 같이 에덴의 특징을 보여주는 울타리처럼 둘러쳐진 산들, 네 물줄기와 함께 묘사된 짐승들과 물고기들, 그리고 특별한 신성한 나무와 신과 남녀, 때로는 그 옆에 수호 짐승인 스핑크스나 그리핀 등의 그림들이 섞여 묘사되는 경우들이 많다는 것이다. 특별히 신들과 관련된 그림이나 조각들 중에서 신들의 땅 낙원 딜문이나, 신으로부터 왕권을 받는 즉위식 등의 특별한 그림들 속에는 신성한 나무와 네 생물(사람, 사자, 독수리, 소)의 형태를 모아 만든 신수, 수호 짐승이 나무 좌우에 등장하는 모습들이 아주 많이 있다.

그림 123 생명나무를 지키는 신수(윤곽강조), 주년 11c, 바빌론, 프라이부르그 대학 박물관

그림124 신성한 나무를
양 옆에서 지키는 중국
얼굴의 신수들, 12C중국
도기, 타브리즈, 이란

그림 125.
생명나무와 그것을 지키는 스핑크스 상이
5층으로 만들어진 황금 장식판의 일부,
메트로폴리탄 박물관, 미국

그림 126 신성한 나무를 지키는 신수들,
청동기, 알레포 박물관

그림 127.
청동기 우가리트 왕의 상아 원형 식탁,
생명나무와 스핑크스 조각이 상 전체에 둘러 새겨져 있다.
왕국의 영원한 번영과 신수들의 보호를 염원하는 의미가
담겨있다. 우가리트, 시리아, 다마스커스 박물관

그림 128. 산악 지대에 산들로 감싸진 낙원을 묘사한
유물, 신성한 두 그루의 나무가 있으며 많은 새들이
깃들어 있고, 날개 달린 신수 두 마리가 중앙의 신과 함
께 있으며 낙원을 창조한 담수의 신 에아가 큰 산 또는 산
맥을 상징하는 주신의 몸 아래 곧 땅 속에 있다.
주전 15세기 경, 니푸르 출토

그림 129. 신성한 두 나무가 있고 그 옆에 날개 달린 수호 짐승이 있다.
중앙에는 아슈르 신이 있는데 그 하반신은 산들 문양으로 가득하다.
손에 들린 물병에서 사방으로 물줄기가 솟아 나가는 모습이다.
에덴의 신성한 두 나무와 생명나무를 지키던 케루빔 천사,
그리고 에덴에서 퍼져나간 네 강을 연상시키는 유물이다.
주전 14세기, 앗슈르, 이라크,
베를린 근동 아시아 박물관.

그림 130. 주전 18c 마리 왕의 취임식 벽화, 신의 안내를 받아 상위 신으로부터 왕권을 받는 왕, 전후에 신성한 두 그루의 나무가 있으며 그 옆에 스핑크스 형상들이 있다. 무성한 나무 주위에는 새들이 깃들고 중앙 아래 칸에는 여신들의 손에있는 (에딘의) 물병에서 네 줄기의 물이 솟아 퍼진다. 그림의 외곽 테두리에는 소용돌이 문양이 전체에 새겨져 있다. 에덴의 특징들이 잘 나타나 있다. 마리, 시리아, 루브르 박물관

이러한 것들은 성경에 기록된 대로 에덴동산 안에 있던 신성한 두 나무와 남녀 그리고 생명나무를 지키던 네 생물의 모습인 천사 케루빔을 그대로 보여주는 자료들이다. 아담과 하와에 의해서 전달되고 또 그 당시 실존했던 에덴의 모습을 밖에서 바라 본 초기 자손들에 의해 구전된 처음에덴의 특징들은 인류 초기의 다양한 문양과 그림, 상형문자들 속에 확실하게 남아있어 지구상에 실재했던 에덴의 모습을 우리에게 생생하게 전하여주는 것이다.

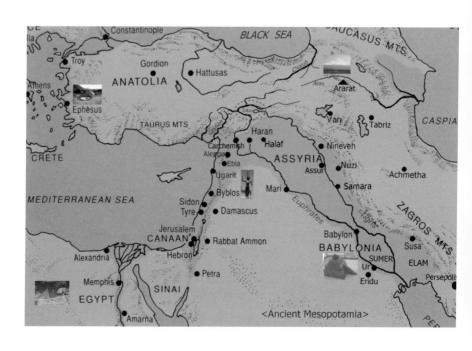

<Ancient Mesopotamia>

244

12장. 에덴에서의 만찬

에덴동산이 있었던 실제 위치에 대해서 그동안 여러 사람들이 다양한 의견을 제시했다. 2장에 이어 또 다른 대표적인 이론들을 살펴보면 다음과 같다. 어떤 이들은 근동의 가나안 지역 특히 예루살렘을 중심으로 한 주변의 넓은 지역을 에덴이라고 생각했다. 이들은 에덴에서 발원한 네 개의 강 중 하나인 비손 강은 금이 많은 아라비아나 인도 지역이고, 또 다른 하나인 기혼 강은 구스 땅인 에티오피아를 돌아 흐르는 나일 강이라고 추정한다. 그러면서 예루살렘이라는 도시가 갖는 영적 중요성을 바탕으로 기혼 샘의 기혼이란 단어를 끼어 맞추어 보려고 한다. 그러나 기혼 샘은 용출한 샘이지 구스 땅을 흐른 기혼강과는 전혀 다른 것이다. 또한 에덴의 사실성을 찾는데 영해로 접근하는 것은 합리적 객관성을 놓치기 쉽다. 이 주장을 따르면 에덴 지역이 너무 광범위해지며 에덴동산이 동방에 있었고(창 2:8), 유프라테스와 티그리스를 포함한 네 강의 근원이 된다는 등의 성경 말씀들과 맞지 않는다. 그리고 간혹 대륙 이동설을 주장하며 강과 땅을 맞추려고 하지만 연대적으로나 지형적으로 성경의 내용과 거리가 멀다.

그런가 하면 유프라테스 강과 티그리스 강이 만나는 장소인 이라크의 남부 '쿠르나'가 에덴이 있던 장소라고 주장하는 사람들도 있다. 이유인즉, 두 강의 합류 지점에서 더 큰 강 샤트알 아랍 수로가 시작되고, 또한 이란 쪽으로부터 흘러내려 온 카르헤 강이 옛날에 이 지역에서 만났다는 것이다. 따라서 에덴동산에서 네 개의 강이 흘러내렸다고 했으니, 이곳이 그 지역에 해당된다는 것이다. 게다가 역사적으로 이곳을 포함한 넓은 평원에서 고대 수메르 문명이 일어났으니, 더욱 그러하다는 것이다. 그래서 이곳을 에덴의 옛 터라고 하며, 관광지로서 아담 파크도 만들어 놓았다. 그러나 수메르 문명 초기에는 유프라테스와 티그리스 강 하류의 흐름이 지금과 조금 달랐으며, 페르시아 만이 강 위쪽으로 더 많이 올라와 있었으므로 두 강이 만난 아랍 수로도 지금 같지 않았다. 또한 이곳은 성경에서 말하는 강들의 상류 시작 지역이 아닌 하류 지역이므로 에덴에서 강이 발원하여 네 강으로 나

그림 1. 유프라테스와 티그리스 강이 만나 흐르는 샤트알아랍 강

누어지며 흐르기 시작했다고 하는 성경의 내용과 맞지 않고 오히려 상업적 목적이 여실히 보이는 곳이다.

그림 2. 자그로스 산맥

　　그런가 하면, 데이비드 롤(David Rohl)은 고대 메소포타미아의 신화와 비문 속의 이야기들 그리고 고대 역사 자료들과 성경 내용을 참고하며 메소포타미아인들이 생각했던 신들의 땅인 낙원 곧 딜문을 찾아 나섰다. 그는 우르크의 사신이 일곱 개의 산맥을 넘어 아라타의 땅에 도달한 것처럼 메소포타미아의 남부 수메르 땅을 떠나서 동북으로 이란의 자그로스 산맥을 넘어 이란 북부의 우루미예 호수 주변에 이르렀는데 여러 자료들을 통하여 그곳이 바로 낙원(딜문) 곧 에덴동산이 있던 곳이라고 주장했다. 그러나 그는 성경을 인용하기는 했지만 메소포타미아의 신화와 자료 등 성경 밖의 자료들을 중심으로 낙원을 찾았기에 그가 찾은 곳은 성경이 말한 에덴보다는 메소포타미아인들이 생각한 낙원인 딜문이었다.

　　그리고 Andrew Collins는 최근 괴베클리 및 주변의 여러 테페들에 관한 설명과 함께 성경의 에덴 지역이 터키 동부 반 호수 서편의 무쉬(Mush) 평원이라고 주장했다.[1]

　　그럼 성경이 말한 실제의 에덴동산은 과연 어디에 있었을까? 본서는 이제까지 에덴을 찾아 나서는 일에 있어 신화나 전승의 그 어떤 이야기들보다도 먼저 에덴에 관한 성경 말씀 한 자 한 자에 대한 어원적 분석과 그 시사점을 기초로 하여 메소포타미아의 신화와 문명 및 역사, 고고학의 유물들과 수메르 초기 문양과 상형문자들 그리고 지질학적 자료들을 참고하면서 에덴의 땅을 찾아보았다.

에덴동산의 위치는?

그러면 이제 지상에 있던 에덴의 실제적 위치는 어디였는지 요약, 정리해 봐야할 것 같다. 앞에서 제시하고 설명한 유력한 사항들과 함께 대홍수 이전의 유적지들과 유물 그리고 비문들의 내용을 종합해본다면, 에덴에서 흘러내린 네 강의 상류지가 되는 에덴의 가장 유력한 후보지가 다음과 같이 나타난다. 그곳은 메소포타미아 평원의 북부이며 터키 동부 지역으로, 오늘의 엘라즈를 중심으로 멀리 둘러싸인 넓은 평원 지역이다.

현재 이 지역은 해발 약 1000m 전후의 고원 지역으로, 사람이 살아가기에 여전히 좋은 기후와 아름다운 자연 조건을 갖추고 있다. 물론 대홍수로 변화가 있었겠지만 땅 자체가 소멸되고 사라진 것은 아니었다. 그리고 오랜 시간이 흐르며 하나님이 만드신 땅과 자연은 스스로 회복되고 그 아름다움을 재생해 나갔다. 필자는 이 주변의 고대 유적지들을 돌아보는 가운데 '정말 에덴이 있었다면 이곳이 그 중의 하나가 될 수 있겠다'고 감탄한 적이 있었다. 산과 물 그리고 풍요로운 평원이 여전히 아름다웠다. 또한 그 주변의 인류 문명 초기의 유적과 유물들이 대단했다. 이 지역은 오늘날 댐이 만들어질 정도로 옛날부터 물이 많이 흐르고 고이는 장소였으며, 현재도 유프라테스 강이 이 지역을 둘러 감싸면서 흐르고, 티그리스 강의 발원지가 되는 큰 호수 '하자루'가 가까이 있다. 그리고 기혼과 비손 강에 관계된 서너 개의 또 다른 강줄기들이 합류하여 이 지역을 둘러 감 싸며 흐른다.

그림 3. 티그리스 강의 발원지 하자루 호수

강이 에덴에서 발원하여 동산을 적시고 거기서부터 갈라져 네 근원이 되었으니 첫째의 이름은 비손이라… 둘째 강의 이름은 기혼이라… 세째 강의 이름은 힛데겔(티그리스)이라… 네째 강의 이름은 유브라데더라 (창 2:10-14)

이 지역은 지질학적으로 거대한 아라비아 판과 유라시아 판이 만나는 곳이며 또한 북 아나톨리아와 동 아나톨리아 판이 서로 밀고 당기는 곳이 다. 그러므로 대홍수의 격변 속에서 그 주변의 지형이 많이 흔들리고 변 화되었을 것으로 판단된다. 그렇지만 그럼에도 불구하고 이 지역의 산과 강들과 평원의 형태가 성경이 말하는 에덴과 에덴동산의 지형적 모습을 여전히 어느 정도 간직하고 있다는 것은 놀라운 일이다.

현재 북쪽에서 이 지역으로 흐르는 유프라테스 강의 지류와 그 상류

시내 카라수는 황금 양털의 땅을 지나 흑해로 흘러가는 초르후 강과 가까이 접한다. 그리고 동쪽으로부터 흘러오는 강줄기 무라트는 그 상류가 하윌라 땅의 중심에 이른다. 또한 서쪽으로 뻗은 강줄기의 상류는 타우루스산맥 위에서 산 너머의 제이한(기혼) 강 상류와 가까이 접해 있으며 또 다른 강줄기가 북쪽으로부터 흘러온다.

현재 이 지역은 외곽으로 산들이 울타리처럼 감싸진 고원의 평야 지대로, 여러 개의 강물이 모이고 또 나누이면서 그 주위 사방을 감싸며 흐른다. 이미 설명한대로 성경의 '에덴동산'(gan: 울타리, 정원, 동산)은 산과 같은 자연의 울타리로 둘러쳐진 평원에 많은 물이 흐르고, 그 물이 다시 네 갈래로 나뉘어 에덴 밖 네 방향으로 흘러 퍼져나간 모습이었다. 그리고 본서가 에덴의 땅으로 밝힌 이 지역도 대홍수의 격변 후에 원래의 모습

그림 4. 에덴 지역을 감싸고 흐르는 강들의 모습

을 많이 상실했지만 그럼에도 불구하고 성경이 말해주는 에덴과 상당히 유사한 지형적 모습을 여전히 간직하고 있는 것은 놀라운 사실이다.

또한 이 지역의 동쪽에 있는 도시 '빙괼'은 그 이름의 뜻이 '천 개의 호수'인데 해발 1150m의 높은 지역으로 많은 물들이 땅에서 솟고 하늘에서 내려 모였던 곳이었음을 말해주는 곳이다. 성경이 말하는 에덴은 땅에서 솟아나온 많은 물들과 네 강의 발원지가 그 지리적 특징으로 설명되었으니 이 주변 지역 역시 에덴에 대한 성경의 설명과 여전히 잘 어울린다. 시편의 시인은 다음과 같이 노래했다.

여호와께서 샘으로 골짜기에서 솟아나게 하시고 산 사이에 흐르게 하사 들의 각 짐승에게 마시우시니… (시 104:10-11)

그림 5. 에덴 추정 지역 내부에서 촬영한 산이 울타리처럼 둘러쳐져 있고 그 사방을 유프라테스 강이 감싸고 흐르는 엘라즈

그림 6. 산과 강의 울타리로 감싸진 에덴 지역을 멀리 외부에서 촬영한 모습, 사진 앞쪽은 고고학으로 이미 밝혀진 인류 최초의 농경사회를 이룬 지역,유프라테스 강이 흐른다. 말라티야, 터키

필자는 아나톨리아 고원 멀리 동쪽 Erzurum에서부터 빙괼과 엘라즈, 에덴의 땅으로 이어지는 지역들을 돌아보았는데, 해발 2-3천 미터의 산들 정상에 펼쳐진 아름다운 호수들과 산 위에서 녹아내리는 눈들이 고원 지대와 골짜기를 지나 시내와 강물로 바뀌며 그 땅을 적시는 아름다움에 흠뻑 취한 적이 있었다. 하늘에서 안개비가 내리고 땅에서는 물이 솟아올라 호수를 만드는 이 지역은 에덴의 땅을 떠올리기에 부족함이 없는 곳이었다.(Collins는 이 지역 동부의 무쉬 지역을 에덴의 땅으로 주장했다).

그림 7. 해발 2-3천 미터 산상의 대 호수, 에덴 동쪽 산맥, 에덴의 땅과 반 호수 사이, 터키 동부

그림 8 에덴 밖 인류최초의 농경지 역과 오천년 전 왕궁 및 농사벽화 발굴 터, 말라티야

에덴이 만들어지기 전 땅의 모습을 설명한 모세는 '여호와 하나님이 땅에 비를 내리지 아니하셨고… 안개만 땅에서 올라와 온 지면을 적셨더라'(창 2:5- 6)고 했다.

이 지역은 지리적으로 사방이 멀리 카스피 해, 지중해, 페르시아 만, 흑해로 둘러싸여 있으며 아시아와 유럽 및 아프리카를 연결해 주는 세계 대륙의 중심적 위치에 있다. 남쪽으로는 메소포타미아의 대평원이 펼쳐져있고, 서쪽으로는 터키와 유럽, 서남쪽으로는 구원사의 무대가 되는 가나안 지역, 동쪽으로는 메소포타미아 신화 속의 딜문으로 주장되는 우르미예를 지나 인도와 아시아, 북쪽으로는 흑해, 북동쪽으로는 노아의 아라랏 산과 초기 인류사에 중요한 아르메니아 코카서스 지역이 있다.

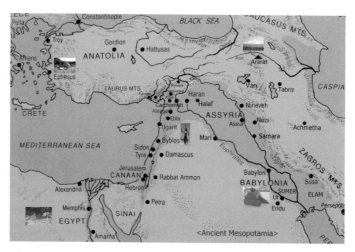

그림 9. 에덴을 중심한 고대 근동 지역

그리고 이 엘라즈 에덴 지역을 감싸고 흐르는 강 주변에서는 인류 초기 사람들이 살던 동굴들에서부터 구석기, 신석기, 청동기, 철기의 유적들이 곳곳에 많이 남아 있다. 아담 이후 인구의 번성과 함께 강 주변을 따라 정착한 이들과 대홍수 후 돌아온 무리들이 남긴 유적지와 유물들이 인근 지역들에 수를 셀 수 없을 만큼 운집되고 퍼져나간 것을 고고학 지도를 통해 볼 수 있다. 킬리스 주변 지역에만 100곳 이상의 유적지를 보이고 있다.

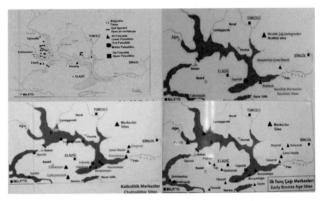

그림 10. 에덴 주변의 구석기, 신석기, 금석병용기,
청동기 유적지도, 유프라테스대학

그림 11. 킬리스
주변의 유적 분포도

특별히 성경에 에덴동산은 에덴의 동쪽에 있었다고 했으니 에덴동산에서 추방된 아담과 하와는 에덴 지역의 동쪽 편으로 처음 나왔을 것이며 가인도 동생 아벨을 죽인 후 에덴의 동쪽으로 떠났다 했으니 에덴을 감싸고 있는 사방의 산울타리 같은 형태는 에덴의 동쪽 방향으로 열려있을 것 같다. 그런데 이 지역의 현재 모습도 멀리 산들이 감싸면서 동쪽으로 강줄기가 열려 이 길을 따르면 인류 초기 흔적들이 발견된 반 호수와 우르미예에 쉽게 이를 수 있다.

그림 12. 에덴의 동쪽으로 흐르는 무라트 강

가인이 에덴의 동쪽으로 멀리 피해갔다면 가능한 지역이 반 호수를 거쳐 우르미예가 될 수 있다. 우르미예 호수 주변에는 강과 드넓은 평야 지대가 있어 농사가 본업이었던 가인에게는 머무를 수 있는 좋은 장소가 되었을 것이다. 그리고 수로와 호수가 잘 어우러진 동남쪽의 대평원은 본래의 에덴 지역과 유사해 가인의 후손들에게 제 2의 에덴처럼 생각되어질 수도 있었을 것이다. 또한 고대 우르미예 지역은 실제로 메소포타미아인들에게 낙원 딜문으로 알려진 곳이었다고 고고학자 롤(D.Roll)은 주장했다.[2]

이와 같이 엘라즈를 중심으로 한 주변 지역은 여전히 성경 속의 에덴과 유사한 지형 구조를 갖추고 있을 뿐 아니라 에덴 이후의 사건들과도 잘 연결되는 곳이다. 다시 말해 에덴에서 대홍수에 이르는 과정과 대홍수 후의 무리들이 동쪽 아라랏 지역에서 다시 서쪽으로 역이동한 이유 그리고 그들이 다시 동쪽으로 이동하여 시날 땅에 바벨탑을 쌓은 모든 과정을 가장 적절하게 설명하여 주는 곳이다. 엘라즈를 중심으로 한 에덴 지역과 대홍수의 아라랏 지역은 고대 메소포타미아의 문명사적, 역사, 고고학적,인종, 언어 발생학적 기원들과 상당 부분 맥락을 같이하는 곳이다.

그림 13. 우르미예 평원, 이란 북부

이곳 에덴 지역의 외부인 유프라테스 강 건너편 말라티야의 고대 유적지에는 소를 몰고 농사짓는 고대인의 모습이 그려진 5천년 전의 왕궁 벽화가 남아 있으니 아담 일가의 모습을 연상케 한다. 성경에 에덴에서 쫓겨난 아담의 중요한 일은 이마에 땀을 흘리며 땅을 갈고 농사 짓는 일이었다. 그래서 장자 가인은 대를 이어 농사를 지었고 그가 생산한 곡물로 하나님께 제사를 드렸다. 검은 색과 분홍 및 갈색의 선으로 그려진 이 왕궁 벽화에는 소를 몰고 땅을 가는 사람과 쟁기를 잡고 있는 머리와 수염이 긴 남성이 수천 년이 지난 지금까지도 생생하게 그 모습을 보여주고 있다.

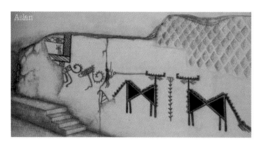

그림 14. 오천 년 전 농사 벽화(Replica),
아슬란 테페, 말라티야 박물관

그림 15. 오천 년 전
농부 벽화(Replica)

그리고 남서쪽 제이한(기혼) 강가의 카흐라만마라쉬(Kahramanmarash) 주변 지역에서는 전술한 바와 같이 신석기 초기의 문화로 발전한 큰 규모의 고대 사회가 있었고, 진흙을 구워 만든 최초의 여신상이 발견되었으며 또한 근동 지역에서 최초의 농사가 이루어진 곳으로 밝혀졌다. 그래서 'History World'의 지도는 메소포타미아의 비옥한 초승달 지역 중 이 지역이 인류 최초의 농경 지역이라고 설명한다.[3]

그리고 아라랏 산을 포함한 동쪽의 지역은 고대 아라타와 우라르투 왕국이 넓게 자리 잡고 있던 곳이며 반과 우르미예 호수 주변에서는 초기 인류의 흔적들이 발굴되었다. 그리고 아라랏 산 주변에서는 5천년 전검은 색이 칠해진 최초의 토기들이 나타나 서쪽으로 이동한 흔적들이 발표되었다. 이것은 대홍수 후, 인류 최초로 검은 피부를 가졌던 함의 장자 구스(Black) 후손들의 이동 경로를 보여주는 것이었다.

그림 16. 아라랏 산
지역에서 이동 된
흑토기류, 말라티야
박물관

아라타 왕국은 수메르의 가장 오래된 장편 서사시 '엔메르카르와 아라타의 주' 이야기에 나타나는데 수메르의 도시 우르크 왕은 메소포타미아 북쪽 아라타 땅을 율법의 땅으로 지칭하며 그 땅 고원 지역의 사람들을 순결하고 거룩하고 성스러운 율법의 사람들이라고 불렀다.4) 그런데 이곳은 성경적으로 노아의 후손들이 대홍수 후 거주한 땅이었으니, 하나님을 철저히 믿고 순종한 노아의 가족과 그 후손들은 순결하고 거룩하고 성스러운 율법의 사람들이라고 불릴만한 이들이었다. 그리고 서사시는 이어 이 땅을 금과 보석이 많은 땅으로 말하고 있으니 이미 앞에서 설명한대로 금과 보석의 하윌라 땅임을 말해주는 것이다.

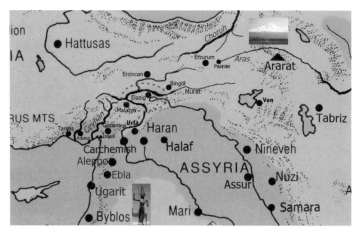

그림 17. 에덴과 아라랏 땅 주변 지도

또한 에덴 지역에서 멀지 않은 동남쪽의 티그리스 강변에는 창세기 10장에 나오는 고대 도시 니느웨, 칼라, 앗수르 등이 있으며, 이 지역에서 가까운 유프라테스 강과 지류 주변에는 텔 브락(Tell Brak), 할라프(Halaf), 아쉴란 테페(Ashlan Tepe), 에블라(Ebla), 하란(Haran) 등 인류 문명 초기와 성경 초기의 유적지들이 함께 있다. 무엇보다도 이 에덴 지역은 수천 년이 지나도록 에덴의 자손이라는 이름을 가지고 사는 사람들의 지역과 가까이 있다는 것이 흥미롭다. 앗시리아 왕 산헤립이 유다 왕국에 쳐들어와 그 사자들을 통하여 히스기야 왕을 위협하는 말 중에 에덴 족속에 대한 말이 나온다.

나의 열조가 멸하신 열방 고산과 하란과 레셉과 및 들라살에 거하는 에
덴 자손을 그 나라 신들이 건졌더냐 (사 37:12)

주전 700년 경의 앗시리아인들이 말하고 있는 에덴 자손의 땅은 고산
(할라프)과 하란 등의 도시가 있는 메소포타미아 북부의 평원인데, 이곳은
바로 본서가 말하고 있는 에덴 지역과 접해 있는 남쪽 평원인 것이다. 성
서지도는 때때로 이 주변 지역을 벧에덴으로 표기한다. 이곳은 대홍수 심
판으로 완전히 망가지고 사라진 에덴의 높은 지역을 떠난 이들이 그래도
그곳을 동경하며 가까이 살 수 있었던 가장 적합한 대평원의 장소가 되는
곳이었다. 바로 이 곳 가까이서 인류 최초의 산상 예배 처소 '괴베클리 테
페'(Göbekli Tepe)가 최근 공개되어 고고학계에서 비상한 관심을 모으고
있다. 어떤 학자들은 이곳의 발굴이 이제까지의 메소포타미아 문명과 관련
된 학설을 다시 쓰게 할 수도 있다고 말했다. 발굴을 주도한 고고학자
Klaus Schmidt 교수는 괴베클리 테페는 에덴 같은(Eden-like) 곳이라고
표현했다.5) 계속 발굴되고 있는 주변의 신석기 초기 농경사회 유적지와
유물들은 이곳이 수메르 문명의 뿌리가 되는 곳으로 예상하니 본서가 말
하는 아담의 에덴지역과 연계되고 있다.

그림 18. 괴베클리 테페 전경

그림 19. 테페 정상 발굴지

그림 20. 발굴 중인 산상 예배 처소의 하나, 주전 10,000-8,000년, 산 정상 부분에 이와 유사한 예배 제단 십 수개가 여전히 묻혀있는 것으로 발표되었다. 터키 동부

필자는 근동 지역을 탐사하는 중에 바로 이 주변 지역 곧 터키 국경 가까이 접한 시리아 북부의 고산(할라프) 지역을 홀로 탐방 조사하다가 비밀 사복 경찰에 체포되어 경찰서까지 끌려가 큰 어려움을 당할 뻔한 일이 있었다. 이곳은 북 왕국 이스라엘이 당시 앗수루에 멸망당해 3차로 유배된 몇 장소 중의 하나여서 성경적으로 중요하고 고대 문명사에 한 시기를 대표하는 할라프로 널리 알려진 주전 5000년 전후의 유적지이다. 간첩혐의를 벗고 주님의 은혜로 가까스로 풀려나 터키 동남부의 하란까지 이동한 적이 있었다. 승용차로 서너 시간을 질주하는 동안 끝없이 펼쳐지는 메소포타미아의 대평원은 그야말로 인류 문명의 요람이 되기에 충분한 비옥한 초승달 지역임을 실감했다.

그림 21. 고대 할라프 테페, 시리아 북부

고대 앗시리아인들에 의해 언급된 에덴 족속의 실체가 누구인지 아직 밝혀지지는 않았지만, 성경의 에덴 사건이 있은 지 수천 년이 지나도록 고대의 세계에서 에덴이라는 이름의 족속과 그들이 살던 곳이 실제로 본 서가 찾은 에덴 지역에서 멀지 않은 남쪽 평야 지역에 있었다는 것은 역사적 에덴의 사실과 위치를 찾는데 또 하나의 좋은 자료가 될 수 있는 것이다. 필자가 노아의 아라랏 산 지역을 탐방할 때도 산기슭에서 만난 농부들이 자신들은 노아의 후손으로 수천 년간 조상 대대로 그 땅을 지키며 노아처럼 농사를 짓고 있다는 당당한 말이 감동으로 다가온 적이 있었다.

선지자 에스겔도 메소포타미아 북부 대평원 지역에 있는 하란이나 간네와 함께 당시 사람들이 살던 또 다른 에덴에 대해서 말하고 있다(겔 27:23). 하란 주변은 유프라테스의 지류가 흐르는 비옥한 평야이며, 지금도 여전히 관개수로가 잘 되어 있는 곡창지대이다. 하란 가까이 북쪽에 있는 도시 상우르파는 고대 도시로서 그 주변 지역 산상에 인류 최초의 예배 처소 괴베클리 유적지가 있으며 성경에 등장하는 욥과 아브라함 및 니므롯에 대한 전설을 품고 있다. 오늘날 그들은 기독교인이 아닌 모슬림 아랍인들이지만 조상 적부터 전해진 그러한 이야기들을 그대로 품고 있는 것이다.

그림 22. 하란의
대평원

에덴동산은 물이 풍부한 동산이었다. 그리고 이곳에서 네 개의 강줄기가 시작되었다는 것은 사방 곧 동서남북 세계의 모든 지역을 향해 하나님의 축복과 생명의 은총이 퍼져 나갔다는 의미를 가지고 있다. 역사의 오랜 시간이 지났음에도 불구하고 여전히 산과 강으로 둘러싸여 있으며, 티그리스 강의 발원지가 되고 사방으로 여러 강줄기들이 시작 또는 연결되는 엘라즈를 포함한 넓은 고원 산악 지대는, 변하기는 했지만 성경에 기록된 에덴과 가장 유사한 자연 환경을 갖추고 있으며, 역사와 문명 및 고고학적 배경과 지리적 조건을 여전히 갖추고 있는 곳이다.

이곳은 한 때 화산작용으로 만들어진 화산암과 화강암이 중부 지역을 차지하면서 그 좌우를 퇴적암의 땅으로 나누었다.6) 그 서쪽 지역은 현재 산과 구릉의 지역으로 남아있고 깊은 계곡으로 유프라테스 강이 흐르며 동쪽의 엘라즈 지역은 퇴적암 층 위에 비옥한 대평야와 동쪽으로 역시 유프라테스와 티그리스 그리고 무라트 강을 접하는 아름다운 지리적 환경을 갖추고 있다.

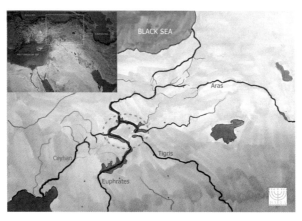

그림 23. 옛 에덴의 땅(점선) 주변을 흐르는 현재 강들의 모습

그림 24. 에덴 지역
티그리스 강의 발원지
호수 하자루. 오른쪽
산등성이를 넘어 가
까이 유프라테스 강이
흐르고 있다

그림 25. 좌우로 티그리스 유프라테스 강이 있는
구 에덴 땅의 주변 전경 엘라즈 주변, 터키 동부

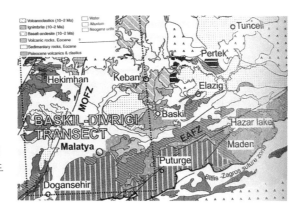

그림 26. 구 에덴의
땅 주변의 현 지질도
(Ilkay Kuscu 외)

그래서 2천년 전 헬라 제국의 후예요 콤마게네 왕국의 왕이었던 안티오쿠스는, 사후 신들의 세계인 낙원에서 또 하나의 신이 되어 영원히 살기를 꿈꾸며, 북으로는 실존했던 옛 에덴의 지역 그리고 남으로는 에덴족속이 살던 땅인 북메소포타미아의 대평원이 내려다 보이는 넴로드/니므롯(Nemrut) 산 정상에 거대한 자신의 무덤을 만들고, 수 많은 신상들 사이에서 자신도 석상이 되어 남아 있는지 모른다.

그림 27. 에덴가까이
Nemrut 산정상의 봉
분과 신상들

5천 년 전 금과 보석의 땅에 살던 아라타인들, 그리고 율법의 백성이라 불리면서 거룩한 땅이라 지칭된 높은 아라랏 지역을 다스렸던 그 아라타인들의 후예 우라르투인들, 그들은 3천여 년 전 우라르투 왕국이란 이름으로 고대의 거룩한 아라타 땅을 다스리면서 멀리 서쪽으로 진출하여 에덴의 땅 엘라즈까지 정복했다. 유프라테스 강과 에덴의 평원이 눈 아래 펼쳐지는 그리고 그 평원을 감싼 높은 산 위에 웅장한 성채를 지었다.

그림 28. 우라르투 성채, 주전 8세기, 엘라즈

에덴의 땅을 조망하면서 고성을 마주한 식탁에 앉으니 수천 년 전 그들의 함성과 기개가 몸으로 느껴지는 것 같았다. 서쪽으로 기우는 석양의 빛이 멀리 동쪽 산기슭의 유프라테스 강을 비춘다. 산으로 둘러싸인 엘라즈의 아름다운 대평원, 그리고 유프라테스 강변을 따라 동쪽으로 질주하는 차량들, 가인의 뒷모습이 보이는 듯하다.

그림 29. 에덴의 땅. 산으로 둘러쳐진 엘라즈의 대평원

지금은 댐으로 수몰되었으나 저 아래 호수같이 보이는 유프라테스 강 상류, 수몰 전에 그 땅은 '황금의 들판'(Altinova)으로 불렸었다. 평원 한 가운데는 시냇물이 흘렀고 그 주위로 인류 초기부터 사람들이 모여 살던 유적지(Tepe)들이 곳곳에 있었으며 주변에서 초기 신석기부터의 샘물터 80여 개가 발굴되었다.[7]

그림 30.
유프라테스 강의 댐에 의해 수몰된 에덴의 동쪽 땅

그리고 한 Tepe에서 출토된 황옥 인장에는 생명나무를 지키는 천사 케루빔처럼 신성한 나무를 사이에 두고 마주한 신수 스핑크스들의 모습이 새겨져 있었다. 이것은 우연의 일치인가? 그곳은 바로 본서가 찾은 엘라즈 에덴의 동쪽이었다. 성경대로 말하면 이곳은 그룹 천사와 화염검이 생명나무의 길을 지키던 바로 그 에덴동산의 동쪽이요 아담과 하와가 에덴에서 추방된 뒤 농사지으며 에덴의 이야기를 자손들에게 남겨준 곳으로 사람들이 오늘날까지 황금 들판이라 부르는 곳이다!

그림 31. 황옥 인장에 새겨진 신성한 나무와 그 나무를 지키는
날개 달린 신수의 토판. 청동기, 유프라테스대학 박물관

또한 그 주변 유프라테스 강가에는 여전히 과수원들이 빼곡하다. 과일을 따던 한 농부가 지나가는 낯선 나그네에게 쫓아와 거의 강제로 쥐어준 과일들. 농부의 따듯한 마음과 더불어 느껴진 그 과일의 싱싱하고 달콤한 맛은 피곤에 지친 나의 몸에 놀라운 에네지를 공급하는 에덴의 활력소가 되었다. 이 지역의 이름 '엘라즈'는[8] 20세기에 지어진 것이지만 옛 부터 있었던 지역의 특징을 가지고 만들어졌으니 식물과 과일 등 '양식이 풍성한 곳'이라는 의미이다. 아직도 에덴의 토양이 남아있는가 드넓은 아나톨리아의 대 평원 터키 땅에서 사람이 만들어 먹는 음식의 레시피가 가장 많은 곳이 동서양 혼합의 도시 이스탄불을 제외하고는 바로 이곳으로 알려졌다. 인류의 조상 아담과 하와가 살던 처음 에덴은 하나님이 만들어 주신 각종 실과와 식물이 자라는 아름답고도 풍성한 곳이었다.

고성 아래로 아스라이 펼쳐진 에덴의 평원에 넋을 잃고 있는 동안 어느새 맛있는 저녁 식사가 테이블 위에 놓여졌다. 석양빛에 더욱 아름다워 보이는 산과 강의 정원, 에덴의 땅을 바라보며 나 홀로 만찬을 시작하는데 어디선가 스치는 바람결에 주님의 음성이 들리는 것 같았다.
"아담아, 네가 어디 있느냐?"

그림 32. 석양빛에 잠기는 에덴의 동쪽 땅

Soli Deo Gloria !!

2024. 7. 17.

나가는 말

모든 것이 하나님의 은혜였다. 나같이 부족한 사람이 아직까지 학문적으로 시도되지 못한 성경 에덴의 난제를 가지고 고대 문명사와 고고학 지질학적 다양한 조사 연구 및 자료를 통하여 확실한 결론에 도달할 수 있었다는 것은 전적으로 하나님의 은혜와 도우심이었다. 에덴은 동화 이야기라며 성경의 권위를 실추시키는 어떤 자유주의 기독교 방송의 소리에 큰 자극과 의분을 느꼈고 또한 히말라야 산상에서 만난 한 기독 지성인의 자조 섞인 말에 결심하여 에덴에 대한 조사·연구를 본격적으로 시작한지 5년여 만에 책으로 그 결실을 맺게 된 것이다.

지난 30여 년간 고대 근동의 세계와 지구촌 곳곳의 박물관, 연구소들을 통해 수집된 자료가 아니었으면 50년이 걸려도 풀 수 없는 문제였을 것이다. 세계 곳곳의 고대 문명 유적지와 박물관들에서 우연찮게 찍어둔 사진들과 간간히 모아둔 자료들에서 이렇게 귀한 것들이 연결되고 증거될 줄은 꿈에도 생각하지 못하였다.

수많은 간증과 이야깃거리들이 있지만 그 중에서도 금과 보석의 땅 하월라의 증거를 찾기 위해 아라랏의 땅 아르메니아 박물관까지 갔을 때 그 곳에 전시되어 있는 수천 년 전의 여인이 찼던 보석 목걸이의 원석들이 그 동굴의 벽면에 그대로 박혀 노출되어 있는 장면들을 본 순간 숨 막힐 듯 찾아 온 감격은 잊을 수가 없다. 그리고 하월라 땅의 중심에서 비밀스럽게 숨겨져 온 비손의 이름을 발견하고 아라스 강과 함께 펼쳐진 대평원의 아름다움을 만끽할 수 있었던 것은 탐험자에게 주신 하나님의 선물이었다.

또한 엘라즈 에덴의 대평원 한쪽에서 만난 수정같이 맑고 투명한 쪽빛

호수와 긴 산 언덕은 에덴 동산을 거니시던 창조주의 소리를 들을 것 같은 감흥을 주는 곳이었다. 사랑하는 사람들과 함께 와서 쉬고 싶은 깊은 충동을 주는, 조용한 평화가 흐르는 아름다운 산과 평야와 물가는 에덴의 샘을 연상시키기에 충분한 곳이었다. 호수에서 흘러내린 물로 인해 그 주변은 여전히 무성한 나무와 과수와 초원으로 덮여 있었다.

그리고 엘라즈 주변을 에덴의 땅으로 결론 내린 후 피곤한 탐사 여행을 정리하고 돌아오다가 비행기 아래로 펼쳐지는 모습에 허겁지겁 다시 카메라를 끄집어내던 일... 에덴의 땅과 그 주위를 감싸고 흐르는 유프라테스 강과 티그리스 강의 발원지 호수를 비행기 창밖으로 내려다 볼 때의 감격... 전혀 생각지 못했던 선물에 하나님께 감사를 연발하며 사정없이 셔터를 눌러댔다. 그때 마치 사진을 더 잘 찍으라는 듯이 비행기가 날개를 기울여 그렇게도 보고 싶었던 기혼 강의 상류를 하늘 가까이서 카메라에 담을 때의 기쁨… 정말 주님이 주신 은혜의 선물들이었다.

그런데 이 모든 기적 같은 일들이 그냥 된 것이 아니었다. 위험한 곳을 찾아다닐 때마다 뒤에서 열심히 기도하며 도와준 로고스 에클레시아 성도들의 헌신이 없었다면 이 일들은 이루어질 수 없는 것이었다... 레바논의 성경관련 유적지를 촬영하다가 헤즈볼라 요원에 붙잡혀 실랑이를 벌이며 강제로 끌려갈 뻔한 아찔한 순간, 시리아와 터키 국경지에서 이사야서에 등장하는 유적지를 찾아 조사하다가 비밀경찰에 체포되어 경찰서 안까지 끌려가 포위된 아주 긴박하고 위험했던 순간들, 자그로스 산맥과 아르메니아 산들을 나 홀로 넘나들 때 느꼈던 위협들... 오직 기도의 도움으로 이겨낼 수 있었다. 또한 많은 희생 감수하며 성경 말씀의 진리를 세상에 밝히 전하는 것을 사명 삼은 성도들의 열심과 헌신이 이 모든 일을 이루게 한 것이다. 긴 여행, 위험한 탐사 떠날 때마다 늘 눈물의 기도와 영적 힘을 더해주고 거기다가 이번에는 많은 유물 사진들을 보기 쉽게 스케치하여 출판을 도와준 아내 안미자 사모에게 진심으로 감사하며, 이 책의 교정과 편집, 제반 업무를 도와준 여러분들 그리고 무엇보다도 필자에게 늘 용기를 주시며 바쁘신 중에서도 이 졸서를 추천해주신 고명하신 조종남 서울신대 명예 총장님, 오성종 칼빈대학 (전)신학대학원장님, 김만형 합동 신학대학원 교수님께 감사드리며 이 책을 읽어주시는 독자 제위께 진심으로 감사를 드린다.

　성경 말씀은 심오하고 인간의 지식은 짧아 말씀의 그 깊은 뜻과 진실을 다 설명하거나 증거 할 수는 없다. 본서도 지상에 실재했던 에덴의 땅(Terrestrial Eden)과 그 흔적을 찾아 설명하려 애를 썼지만 미흡함 투성이다. 그러나 독자 제위의 폭넓은 사랑과 조언을 통해 더 다듬어지고 깊어지리라 생각한다. 종교개혁 500주년을 맞이하며 "성경으로 돌아가자!"를 외치시던 신앙 선배들의 말씀을 되새기며 이 작은 책이 성경에서 점점 멀어지고 있는 현대 교회와 성도들에게 새로운 도전과 믿음을 줄 수 있기를 간절히 소망한다.

에덴의 땅에서…

용어 설명

길가메쉬(Gilgamesh): 주전 27c 경 고대 수메르의 도시 우르크의 왕 폭군. 영웅 신화인 길가메쉬 서사시의 주인공. 그 이름을 늙은이와 젊은이의 합성어로 설명하기도 한다. 영생의 비결을 배우기 위해 험한 산맥들을 넘고 수많은 위험과 난관을 극복하면서 신들의 땅 딜문을 찾아간다. 그리고 대홍수 심판에서 신의 도움으로 유일하게 살아남은 우트나피시팀을 만나 대홍수의 이야기를 들으며 영생의 불노초를 찾게 된다. 그러나 귀환 길에 뱀에게 그것을 빼앗기고 죽을 수밖에 없는 운명을 탄식한 고대 영웅이다.

딜문(Dilmun): 고대 메소포타미아 인들이 생각한 신들의 땅 낙원을 지칭하는 말이다. 이곳은 죽음도 병도 눈물도 탄식도 없는 순결한 영생의 땅으로 여겨졌다. 때로 '딜문'은 '쿠르-딜문'으로 불렸는데 이 말은 '산-딜문'이라는 뜻으로 딜문이 해 뜨는 동쪽 산악지대에 있다고 생각한 것과 통한다. 또한 수메르 창조 신화에 우주의 산은 태고의 바다에서 솟아난 것으로 말해졌으니 염수와 담수가 뒤섞인 바레인의 바다는 신화속의 바다와 같고 그 위로 솟아나온 섬은 신들의 땅으로 받아들여졌을 수 있을 것이다. 거기에 해상무역의 중간 기착지로서 풍요로웠던 바레인 섬은 고대인들에게 낙원의 땅으로 인정되고 낙원의 신 에아를 섬겼던 곳으로 딜문으로 불리었다.

샨르우르파: 터키 동남부에 있는 도시로 옛 부터 동서를 잇는 교통의 요충지로 소아시아와 메소포타미아의 가교 역할을 했다. 따라서 고대 바빌로

니아, 미탄니, 앗시리아, 우라르투를 포함한 여러 왕국들에 의해 지배받았고 후에 헬라에 의해 에뎃사라고 호칭되었다. 주변 지역에 괴베클리 테페를 비롯하여 인류초기의 성소와 유적지들이 많이 있으며 성경의 구스 아들 니므롯과 아브라함, 욥의 전설을 지니고 있고 초기 기독교가 전래된 중요한 도시이다. 특히 남서쪽 44km에는 아브라함의 도시 고대 하란이 있어 그 중요성을 더욱 부각시켜주며 주변 지역에서 출토된 많은 역사 고고학 유물들을 간직하고 있다.

아브주(Abuz;): 고대인들이 생각한 지하 깊은 곳의 민물바다. 단물의 신 압수(Apsu)가 살던 곳이며 후에 에아가 그곳을 차지했다. 수메르어 Abzu는 아카드어로 Apsu이고 영어로는 심연을 뜻하는 Abyss와 통한다. 페르시아에서도 ab₁는 물을 뜻했다. 메소포타미아 인들은 낙원을 창조한 담수의 신 엔키(에아)가 이곳에서 산다고 믿었고 그에 의해 용 신 마르둑이 심연에서 태어났다고 했다.

아라타(Aratta) 왕국: 주전 3천년을 전후하여 아르메니아 고원지대와 이란 북부 및 아라랏 산을 포함한 터키 동부의 넓은 지역을 통치한 왕국으로 '엔메르카르와 아라타의 주'라는 장편 서사시에 잘 나타나 있다. 이 지역은 당시 금과 보석이 많은 땅으로 설명되어 있다. 수메르 남쪽의 우르크 왕은 신전을 짓기 위해 북쪽 아라타 왕에게 남쪽의 곡물과 그 곳의 귀금속을 교환하자고 요청한다. 그리고 우르크인들은 아라타의 사람들을 경건한 신앙을 가진 율법의 사람들로 묘사하고 있으니 성경적으로는 대홍수로 이 지역에 도착하여 번성해나간 경건한 노아의 후손들과 관계가 있음을 알 수 있다. 이 지역은 비손 강이 흐르는 금과 보석의 하윌라 땅과 연관되어 주목된다.

우라르투(Urartu) 왕국 : 주전 9-6 세기에 고대 아라타 왕국의 넓은 지역과 터키 동부 본서가 말하는 에덴지역까지 다스렸던 왕국으로 그 이름이 아라타 또는 아라라트와 연관되어 있는 것으로 말해진다. 야금술 등 뛰어난 문명을 이루었고 왕국의 수도 투쉬파는 반 호수 옆의 둔덕에 대단한 성채(칼레시,kalesi)와 함께 있었다. 국력의 팽창 속에 서진하여 에덴의 땅 엘라즈를 점령하고 그 곳 산 위에 역시 웅장한 성채를 세웠다. 후에 앗시리아에게 점령당하고 주전 6세기 초에는 메디아왕국에 종속되었다.

아무다리야(Amu Darya) 강: 아프카니스탄 동북부의 높은 산맥 힌두 쿠쉬(해발 4900m)의 북쪽에서부터 흘러내리는 큰 강. 상류에서는 '와한다리아'라고 불리다가 와흐슈강과 합류하면서 '아무다리야'라고 불린다. darya는 바다 또는 큰 강을 의미한다. 그 강이 파미르 고원에서 흘러내려 대평원을 거쳐 아랄(Aral)해로 들어가기까지의 길이가 약 2400km에 달하며 강 하류에 세계 최대의 삼각주를 만든다. 따라서 이 강의 유역은 고대 중앙아시아 문화의 요람이 되었고 아랍인들은 그 큰 강을 성경의 기혼(Gihon) 강에서 유래한 이름인 자이훈(Jaihun) 또는 지훈(Jihun)으로 불렀다.

쿠라-아락세스(Kura-Araxes) 문화: 이 문화는 주전 3천년 전후에 터키 동부 아라랏산 평원을 포함하여 주변의 광활한 땅 죠지아, 아르메니아 그리고 아제르바이젠 지역 곧 흑해에서 카스피해에 이르는 넓은 지역에서 일어난 고대 문명의 하나이다. 그 이름은 쿠라 & 아락세스(아라스) 강과 연계되어 있으며 그 문화의 고유한 특징 중의 하나가 그 지역에서 갑자기 나타난 검은 빛의 토기류 이다. 검은 빛과 붉은 빛이 함께 사용되기도 했고 산을 나타내는 삼각형이 상하좌우로 연속되면서 기하학적 무늬들도 그려졌다. 그런데 청동 초기에 번성한 그들의 문화가 코카서스 지역에서 점점 서쪽으로 이동하고 검은 토기들이 동남부의 아나톨리아 지역을 거쳐 가나안 땅과 아프리카로 간 것은 고고학계에 아직까지 풀리지 않는 난제이다. 그러나 이것은 노아 대홍수 후에 그 지역에서 태어난 최초의 흑인 구스 후손들과 시기적으로나 지역적으로 상당히 일치하여 성경해석에 중요한 단서를 제공한다. 또한 흑토기의 이동은 대홍수 후 아라랏 산 지역에서 바벨론으로 이동한 무리들의 초기 경로를 보여줌으로써 성경연구에 큰 도움을 주고 성경의 내용이 메소포타미아 문명사의 난제를 푸는데 역시 도움을 줄 수 있는 것을 볼 수 있다.

할라프(Halaf) 기: 시리아 북동부 유프라테스 강의 지류에 접한 테페 할라프를 중심으로 일어난 특별한 문명시기. 대략 주전 5500-4500년에 이르는 기간으로 보며 여러 가지 색과 다양한 무늬들로 장식한 채문토기들이 특징지어 지는 시기이다. 그리고 그러한 토기 잔해들이 메소포타미아나 아나톨리아 가나안 등 많은 지역에서 출토되고 있다. 할라프는 메소포타미아 북부 비옥한 대평원의 중심부에 있으며 고대 강대국들이 교차로 점령했고 북 이스라엘 포로들이 산 곳이기도 하다. 성경에는 그 이름이 '고산'으로 수 회 등장하며 에덴의 족속이라 불리는 사람들이 앗시리아 시대에 이 주변 지역에 살고 있었다고 왕 산헤립을 통해 말해준다(사37:12)

각 주

1장

2장

1. James B. Pritchard, The Ancient Near Eastern Texts Relating to the Old Testment. 3rd ed. Princeton University Press, 1969, 5th printing, 1992, P.38 (Enki and Ninhursag).

2. J. N. Postgate, Early Mesopotamia. Society and economy at the dawn of history. London. Routledge, 2009. p25.

3. David M. Rohl, 문명의 창세기, 김석희 옮김(서울:해냄출판사, 1999), 379.

4. Ibid., 347-382.

5. Ibid., 352-368.

3장

1. 창조사학회는 성경에 기록된 족보의 나이로 계산 할 때 아담은 주전 4114년에 탄생했고 노아홍수는 주전 2458년에 발생했다고 말한다. 김성일 외. 「한민족 기원 대탐사」 창조사학회, 1999,14-15.

4장

1. Gordon J. Wenham, 「창세기(상)」 박영호, 솔로몬, 2000. 170.

2. Ibid., 180.

3. John A. Halloran, Sumerian Lexicon, Los Angels: Logogram Publishing, 2006. 55.

4. Ibid., 1.

5장

1. David M. Rohl, 88

2. L. Austine Waddell, Indosumerian Seals Deciphered (Delhi Varanasi: Indological Book House, 1972), 33-35.

3. C. F. Keil, & F. Delitzsch, Commentary on the Old Testament, Grand Rapids : Eerdmans, 1982. p.80 / Gordon J. Wenham, 174.

4. Halloran, John Alan Sumerian Lexicon, LosAngels: Logogram Publishing, 2006. 45, 277.

5. Nourai Ali, An Etymological Dictionary of Persian, English and other Indo-European Languages, Book Tenaissance, 363.

6. Ibid.

7. C. F. Keil, & F. Delitzsch, 80-81

8. John A. Halloran, 45, 277. 수메르어에서 다음 단어들이 같은 의미로 사용된다. tin=din=til₃=ti=life, to live.

6장

1. David M. Rohl, 문명의 창세기, 김석희 역, 161.

7장

1. Encyclopaedia Britanica Online & Wikipedia (http://en.wikipedia. org/wiki/wikipedia), Cush, Nubia, Ethiopia / 헤로도토스는 에디오피아를 "land of black people"로 불렀고 그 후 70인 역은 구스를 에디오피아로 번역했다: en.m.wikitionary.org, Ethiopia,

2. C. F. Keil, & F. Delitzsch, 1, 83.

3. David M. Rohl, 24.

4. Gordon J. Wenham, 181

5. Derek Kidner, 창세기, 한정건역, 서울:기독교 문서선교회, 1994. 85

6. G. H. Livingston, 모세오경의 문화적 배경, 김의원역, 51.

7. 유재원, 터키, 1만 년의 시간여행 02, 책문, 2010. 297.

8. Giovanni Fettinato, Ebla, 72.

9. Clifferd Wilson, Ebla Tablets, 78-79.

10. Ibid., 16.

11. G. Pettinato, 106-162.

12. Mehmet ISIKLI and Birol CAN (ed), International Symposium on East Anatolia South Caucasus Cultures Proceedings I, Cambridge Scholars Publishing, 2015, p.126

13. 산헤립 시대까지 에덴 자손(왕하19:12-족속)이라는 이름을 가지고 본래의 에덴 남쪽 평원에 흩어져 살던 이들이 100여년이 지난 에스겔(겔 27:23) 때에는 새로운 에덴의 지명을 가진 지역을 중심하여 산 것을 볼 수 있다.

14. Sosson M., Kaymakci N., Stephenson R. A., Bergerat F., Starostenko V., (ed.), Sedimentary Basin Tectonics from the Black

Sea and Caucasus to the Arabian Platform, The Geological Society, London, 2010, 438.

15. Peter Ed, Sumerian Cuneiform English Dictionary, 2015, 39.

16. Wikipidia Online, Sumerians.

17. Wikipidia Online , Subartu.

18. David M. Rohl, 199

19. John A. Halloran, 81

20. John A. Halloran, 153

21. The Free Dictionary by Farlex, Online, Biblical Kush

22. C. F. Keil, & F. Delitzsch, 83.

23. Encyclopaedia Britanica Online, Amu Darya.

24. Wikipidia. Gihon. (William C. Brice. 1981.
Historical Atlas of Islam, Leiden with support and patronage from Encyclopaedia of Islam. ISBN 90-04-06116-9./ Svat Soucek 2000. A History of Inner Asia. Cambridge University Press. ISBN 0-521-65704-0)

25. Ibid.

26. Sosson M., Kaymakci N., Stephenson R. A., Bergerat F., Starostenko V., ed.,Sedimentary Basin Tectonics from the Black Sea and Caucasus to the Arabian Platform, The Geological Society, London, 2010, 441. Fig. 2.

27. Ibid., 486-494, Fig 1.

28. Ibid.,429-431, Fig. 18.

29. Richad Overy ed., COMPLETE HISTORY OF THE WORLD: 더 타임스 세계사, 왕수민 이기홍 역, 예경, 2016, 36.

8장

1. John A. Halloran, 109.

2. Ibid, 124

3. Samuel N. Kramer, 43-58.

4. David M. Rohl, 124-6.

5. C. F. Keil, & F. Delitzsch, 82. 파시스=비손

6. Findlay, Alexander G. Classical Atlas of Ancient Geography, Asia Minor Ancient, 1849.

7. Shephered, William R., The Historical Atlas, The Macedonian Empire, 336-323 B.C., 1923.

9장

1. Hallo, Vol 1, 449 (Benjamin R. Foster).

2. Jeremy Black and Anthony Green, Gods, Demons and Symbols of Ancient Mesopotamia. (Austin: University of Texas, 1992), 138.

10장

1. James. B. Prichard, The Ancient Near Eastern Texts (Relating to the Old Testment), 3rd ed. Princeton University Press, 1969, 5th printing, 1992.

2. Robert Beer, The Handbook of Tibetan Buddhist Symbols, Boston: Shambhala, 2003, 130.

11장

1. 보호의 표시를, 가인을 보호해주는 어떤 사물 곧 개와 같은 사물로 보는 이들도 있다.

2. CBF Walker, Cuniform, 10

3. 수메르 신들 중 바람과 대기의 신 엔릴은 그 이름이 '거대한 산'(Great Mountain)으로도 불리어졌으며 신들의 어머니 닌후르사그는 '산의 여왕'(Mistress of the Mountain)으로 불리어졌다./ Jeremy Black and Anthony Green, 140.

4. Robert Beer, 82

5. 두산 백과 온라인, 수미산.

6. Ed. Peter, 1212D.

7. George A.Barton, ORIGIN AND DEVELOPMENT OF BABYLONIAN WRITING, J.C.Hinrichs'sche Buchhandlung, Leipzig, The Johns Hopkins Press, Boltimore, reprint by Isha Books, New Delhi, 2013, 179.

8. Ibid, 180.

9. Waddell, L. A. A Sumer Aryan Dictionary, London: Luzac & Co. 1927. plate4.

10. George A. Barton, 147

11. Sosson M., Kaymakci N., Stephenson R. A.,

    Bergerat F., Starostenko V., ed., 438.

12. Gordon J. Wenham, 211-2.

13. Foxvog A. Daniel, Introduction to Sumerian Grammar, 2014,

10. / George A. Barton, 180.

14. Waddell, L. A. Indosumerian Seals Deciphered, Eelhi Varanasi:

Indological Book House, 1972, 31

15. Ibid, 75.

16. Ibid, 92/A Sumer Arian Dictionary, plate II

17. George A. Barton, 202.

18. Gordon J. Wenham, 179.

12 장

1. ANDREW COLLINS, GOBEKLI TEPE GENESIS OF THE GODS :
The Temple of the Watchers and the Discovery of Eden, Bear &
Company, Rochester, Vermont, 2014, 235-6.

2. David M. Rohl, 160-187.

3. Richrd Overy ed., COMPLETE HISTORY OF THE WORLD: 더 타
임스 세계사, 왕수민 이기홍 역, 예경, 2016, 36.

4. Kramer S. N. 55-58.

5. Andrew Collins, 226.

6. Sosson M., Kaymakci N., Stephenson R. A., Bergerat F.,
Starostenko V., ed., 438.

7. Whallon, Robert, AN ARCHAEOLOGICAL SURVEY OF THE KEBAN RESERVOIR AREA OF EAST-CENTRAL TURKEY, ANN ARBOR, 1979, 6.

8. elazik: el(손,힘) + azik(식량, 양식)

그 림 목 록

8장. 하월라 땅과 비손 강

(1) 하월라 땅

(2) 비손 강

(1) 산과 에덴의 문양

그림 1. 산으로 둘러쳐진 낙원을 묘사한 토판, 니푸르

그림 2. 산울타리 속에 있는 낙원과 생명나무를 지키는 신수

그림 3. 산들 위에 있는 신들의 모습

그림 4. 앗시리아 시대의 신 앗슈르

그림 5. 산 형태의 뿔 관을 쓴 메소포타미아의 신들

그림 6. 큰 산과 물 문양 항아리, 수사

그림 7. 산과 물의 문양으로 가득한 항아리, 바레인

그림 8. 산과 물 문양 항아리, 주전 2천년, 에르주룸, 터키

그림 9-10. 신들과 내세 곧 낙원에 대한 염원을 담은 무덤 부장품 항아리

그림 11. 산과 신전 문양의 토기 주전 2500년 오두막 단지, 바레인

그림 12. 산으로 둘러싸인 낙원에 대한 염원을 담은 무덤 부장품 항아리

그림 13. 지그재그 산 문양의 주전 5천 년 토기, 수산

그림 14. 지그재그 산 문양 토기, 무덤 유품 항아리, urn

그림 15. 작은 산들의 문양들로 디자인된 토기, 터키

그림 16. 대형 지그재그 형태의 산으로 둘러싸인 토기, 우르

그림 17. 우르의 왕묘에서 출토된 황금 봉 위의 지그재그 산의 문양

그림 18. 산과 물, 조류, 늑대 이빨 형태의 산맥 문양 토기

그림 19. 우르의 Standard 유물의 일부 모습

그림 20. 상하 산 문양 속에 신에게 드릴 짐승을 잡는 모습, 마리

그림 21. 우주의 산 메루 상상도

그림 22. 산 문양 제기 뚜껑, 주전 3-2c, 사원 출토, 아프카니스탄

그림 23. 삼한 시대 청동 거울의 산 문양

(2) 샘과 에덴의 문양

(3) 네 강과 에덴의 문양

300

그림 31. 황옥 인장에 새겨진 신성한 나무와 수호 신수의 토판

그림 32. 석양빛에 잠기는 에덴의 동쪽

< Further Reading >

<국외 문헌>

Albright. W. F. From the Stone Age to Christianity, Baltimore: The John Hopkins Press, 1957.

Alexander G. Findlay, Asia Minor Ancient,Classical Atlas of Ancient Geography, 1849

Ali Nourai, An Etymological Dictionary of Persian, English and other Indo-European Languages, Book Tenaissance.

Aruz, Joan. Art of the First Cities, New York: The Metropolitan Museum of Art,2003

Ascalone, Enrico. Mesopotamia, Berkeley, Los Angels, London: University of California Press, 2007.

Barnhart, Robert K. (ed), THE BARNHART CONCISE DICTIONARY OF ETHMOLOGY (THE ORIGIINS OF AMERICAN ENGLISH WORDS), Harper Resource, 1995

Barton, George A., ORIGIN AND DEVELOPMENT OF BABYLONIAN WRITING, J. C. Hinrichs'sche Buchhandlung, Leipzig, The Johns Hopkins Press, Boltimore, 1913, Reprint by Isha Books, New Delhi, 2013

Beer, Robert The Handbook of Tibetan Buddhist Symbols, Boston:

Shambhala, 2003.

Beyerlin, W. ed., Near Eastern Religious Texts Relating to the Old Testament, SCM Press, 1978.

Bienkowski, Piotr and Millard, Alan. Dictionary of the Ancient Near East, Philadelphia:University of Pennsylvania Press, 2000.

Black, J. and Green A. Gods, Demons and Symbols of Ancient Mesopotamia. An Illustrated Dictionary. London: British Museum Press, 1992.

Black, Jeremy and Green, Anthony Gods, Demons and Symbols of Ancient Mesopotamia, Austin: University of Texas Press, 2003.

Black, Jeremy. George, Andrew. Postgate, Nicholas. A concise Dictionary of Akkadian, 2nd printing, Harrassowitz Verlag, Wiesbaden, 2000

Botterweck, G. J. and Ringgren, H. translated by David E. Green, Theological Dictionary of the Old Testament, Grand Rapids: William B. Eerdmans Publishing Company, 1986.

Brown, S. S. ed. The Jerome Biblical Commentary. Englewood Cliffs:Prentice-Hall, 1968.

Brunnow R. A Classified List of all Simple and Compound Cuneiform Ideographs, Buchhandlung und Drucrerei, E J Brill Leiden 1897, Rudolf- Ernst Brünnow, printed in USA LVOW04* 1524271215

Burrows, M., What Mean These Stones : The Significance of

Archaeology for Biblical Studies. New Heaven :American Schools of Oriental Research. 1947.

Buttrick, George Arthur (ed). The Interpreter's Dictionary of the Bible, Nashville : Abingdon, 1956.

Calvin, John. Calvin's Commentaries, Edinburgh, 1847.

Candish, Robert S. Studies in Genesis. Grand Rapids;Kregel, 1979.

Caplice, Richard Introduction to Akkadian, 4th ed. Roma: Editrice Pontificio Istituto Biblico, 2002

Carr-Gomm, Sarah. Dictionary of Symbols in Art. Oxford:Helicon, 1996.

Cassuto, U. A., A Commentary on the Book of Genesis. Part 1: From Adam to   Noah; Part2: From Noah to Abraham, Jerusalem. 1961-64.

Charpin, Dominique. Reading and Writing in Babylon, Harvard University Press, 2010

Chiera, E. They wrote on Clay. The Babylonian Tablets Speak Today. Chicago, 1938.

Clayton, Peter. Great Figures of Mythology. Magna Book, 1990.

Collins, Andrew, GOBEKLI TEPE GENESIS OF THE GODS: The Temple of the Watchers and the Discovery of Eden, Bear & Company, Rochester, Vermont, 2014

Collon, D. First Impressions. Cylinder Seals in the Ancient Near East. London, 1987.

Collon, Dominique   Western Asiatic Seals (Cylinder Seals V),
London: British Museum Press, 2001.

Cooper, J. Sumerian and Akkadian Royal Inscriptions I.
Presargonic Inscriptions, The American Oriental Society, 1986.

Crawford, J. Sumer and the Sumerians. Cambridge University
Press, 1991.

Dalley, S. Myths from Mesopotamia: Creation, the Flood,
Gilgamesh and Others. Oxford University Press, 1989.

Delitzsch, Frederic, The Hebrew Language in the Light of Assy-
rian Research, Williams and Norgate 1883, Leopold Classic
Library.

Davidson, Robert. The Cambridge Bible Commentary. London :
Cambridge University Press, 1979.

Devries, LaMoine F. Cities of the Biblical World, Peabody:
Hendrickson Publishers, Inc., 1997.

Douglas, Wallace The Search for Adam and Eve. Newsweek, 1988.
January 11.

Edzard, Dietz Otto. Sumerian Grammer, Society of Biblical
Literature, 2003.

Elder, J. Prophets, Idols and Diggers, New York:Bobbs Merill, 1960.

Elzlak, Faherettin. Osmanli DÖneminde Keban-Ergani YÖresined
Madenc-lik (1775 -1850), Ankara, TÜrk Tarih, Kurume, 1997

Exell, Joseph S. The Biblical Illustrator. Grand Rapids:Baker, 1973

Fagan, Brian M. Introductory Readings in Archaealogy. Boston : Little. Brown and Company. 1970.

Foxvog, Daniel A. Introduction to Sumerian Grammer, 2014

Frankfort, H. et al. The Intellectual Adventure of Ancient Man. Chicago, 1946.

Freedman, D. N. and Greenfield, J. C. New Directions in Biblical Archaeology. New York:Doubleday and Company Inc. 1969.

Frymer-Kensky, T. "The Atrahasis Epic and Its Significance for Understanding of Genesis 1-9." Biblical Archaeologist 40, 1977, pp. 147-155.

Gimbutas, M. A. The Livings Goddesses, University of California Press, 2001.

Gimbutas, M. A. The Language of the Goddess, Thames & Hudson, 2006.

Gordon, C. Rendsburg G. and Winter, N. Eblaitica, Essays on the Ebla Archives and Eblaite Language. Winona Lake. Eisenbrauns, 1987.

Guest, John S. The Euphrates Expedition, London & New York: Kegan Paul International, 1992.

Guthrie D. & Motyer, J. A. ed. The New Bible Commentary (Revised). Grand Rapids ; Eerdmans, 1970.

Hallo, W. W. and Simpson, W. K. The Ancient Near East. New York, 1971.

Hallo, W. W. The Context of Scripture, vol. I - Ⅲ, Leiden Boston: Brill, 2003.

Halloran, John Alan   Sumerian Lexicon, LosAngels : Logogram Publishing, 2006.

Hâhmit zûveyr Kosay, Keban Project Pulur Excavations 1968-1970, Ankara, 1976

Harper, A. F. ed. Beacon Bible Commentary. Kansas ; Beacon Hill Press, 1969.

Harpur, James. Sacred Places. London: Cassell, 1994.

Harris, Robert L. The World of the Bible, New York: Thames & Hudson, 1995.

Hayes John L., A MANUAL OF SUMERIAN GRAMMAR AND TEXTS, Second Revised and Expanded Edition, UNDENA PUBLICATIONS, Malibu, 2000, Second Printing 2001

Hayim ben Yosef Yawil, AN AKKADIAN LEXICAL COMPANION FOR BIBLICAL   HEBREW,   Etymological-Semantic   and   Idiomatic Equivalents   with   Supplement   on   Biblical   Aramaic,   KTAV PUBISHING HOUSE INC., Jersey, 2009

Heidel, A. 'The Eridu Genesis.' Journal of Biblical Literature 100(1981). pp. 513-29.

_____ The Babylonian Genesis. The Story of Creation. The University of Chicago Press, 1951.

_____ The Gilgameah Epic and Old Testment Parallels.

University of Chicago Press, 1963.

_____ The Treasures of Darkness. A History of Mesopotamian Religion. New Haven, 1976.

Hoerth, Alfred J. Archaeology & the old Testament, Grand Rapids: Baker House, 2003.

Hunt, Norman Bancroft Historical Atlas of Ancient Mesopotamia, New York: Checkmark Books, 2004.

Isikli, Mehmet and Can, Birol (ed.), International Symposium on East Anatolia South Caucasus Cultures Proceedings I, Cambridge Scholars Publishing, 2015

Jacobsen, T. H. The Sumerian King List. Chicago, 1939.

Keel, Othmar. keel-Leu, Hildi. Schroer, Silvia Studien zu Den Stempelsiegeln Aus Palastina/Israel, Universitatsverlag Freiburg Schweiz, 1989.

Keil, C. F. & Delitzsch, F. Commentary on the Old Testament. Grand Rapids ; Eerdmans, 1982.

Kenyon, K. M. Archaeology in the Holy Land. New York : Frederick A. Praeger. Publisher, 1960.

_____ The Patriarchal Age : Myth or History. BAR 21-2, 1955.

Kidner, Derek. The Tyndale Old Testament Commentaries. Downers Grove ; I. V. P, 1967.

Kikawada, I. M. and Quinn, A. Before Abraham was: The Unity of Genesis 1-11. Nashville. Abingdon, 1985.

Kramer, S. N. "The Sumerian Deluge Myth. Reviewed and Revised." Anatolian Studies 33 (1983). pp. 115-121.

_____, Sumerian Mythology. 3rd ed. University of Pennsylvania Press. Philadelphia, 1972.

_____, The Sumerians: Their History, Culture, and Character. The University of Chicago Press, 1963.

_____, History Begins at Sumer. Thirty-nine Firsts in Man Recorded History. The University of Pennsylvania Press, 1981.

Lamberg-Karlovsky, C. C. and Sabloff, Jeremy A. Ancient Civilizations. Menlo Park : The Benjamin/ Cummings Publishing Company. Inc. 1979.

Lambert, W. G. "A New Look at the Babylonian Background of Genesis."Journal of Thological Studies 16 (1965). pp. 287 -300.

_____,"Old Testament Mythology in its Ancient Near Eastern Context." Congress Volume:Jerusalem, 1986 (VT Supplement 40, 1988). pp. 124-143.

Lambert, W. G. and Millard, A. R. Atra-Hasis. The Babylonian Story of the Flood. with The Sumerian Flood Story by M. Civil. The Clarendon Press. Oxford, 1969.

Leick, G. A Dictionary of Ancient Near Eastern Mythology. London. Routledge, 1991.

Leick, Gwendolyn   A Dictionary of Ancient Near Eastern Mythology, London & New York: Routledge, 1998.

_____, Mesopotamia: The Invention of the City, London: Penguin Books, 2001.

_____, Who's Who in the Ancient Near East, London and New York: Routledge, 2002.

Loon, Maurits N. (ed), Korucutepe 2, North-Holland Publishing Company, Amsterdam New York, Oxford, 1978

Majupuria, Trilok Chandra & Kumar(Majupria), Rohit. Gods, Goddesses & Religious Symbols of Hinduism, Buddhism & Tantrism, Kathmandu:Modern Printing Press, 2011.

Marzahn, Joachim   The Ishtar Gate, Mainz: Verla Philipp von Zabern, 1995.

Mathews, Kenneth A. The New American Commentary Genesis I, II, Broadman & Holman Publishers, 1996.

Matthews, V. H. and Benjamin, D. C. Old Testment Parallels. Laws and Stories from   the Ancient Near East, New York. Paulist Press, 1991.

Mehmet Ozdogan, Nezih Basgelen, Peter Kuniholm(ed.), THE NEO-LITHIC IN TURKEY: THE EUPHRATES BASIN, Archaeology & Art Publications, 2011

_____, THE   NEOLITHIC   IN   TURKEY: THE   TIGRIS   BASIN, Archaeology & Art Publications, 2011

Metin Text, 1968 SUMMER WORK, Middle East Technical University Keban Project Publications Serial No. I − Publication No. I,

Turk Tarih Kurumu Basimevi, Ankara 1970

Matthiae, Paolo   Ebla: An Empire Redicovered, Translated by Christopher Holme, London Sydney Auckland Toronto: Hodder and Stoughton, 1979.

Mettinger, T. N. D. In Search of God. The Meaning and Message of the Everlasting Names. Fortress Press, 1988.

Millard, A. R. and Wiseman, D. J. ed., 1983 Essays on the Patriarchal Narratives. Inter-Varsity Press. 1989.

Mitchell, T. C. Biblical Archaeology: Documents from the British Museum. Cambridge University Press, 1988.

Moorey, P. R. S.   The Ancient Near East, Oxford: Ashmolean Museum, 1987.

Morris, P. and D. Sawyer. A Walk in the Garden Biblical, Conographical and Literary Images of Eden. Sheffield Academic Press. 1990.

Naveh, Joseph. Origions of the Alphabets. Palphot Ltd, 1994.

Negev, A. ed., The Archaeological Encyclopedia of the Holy Land. Third edition. New York: Prentice Hall Press, 1986.

Oates, J. Babylon. revised edition. London: Thames and Hudson, 1986.

O'Brien J. and Major, W.   In the Beginning. Creation Myths from Ancient Mesopotamia. Israel and Greece. Scholars Press, 1982.

O'Neil, Amanda. Biblical Times. Crescent Books, 1992.

_____, Historical Facts Biblical Times. Surrey : Colour Library Book LTD., 1992.

Pal, Pratapaditya Himalayas: An Aesthetic Adventure, Chicago: The Art Institute of Chicago, 2003.

Peter, Bently. The Hutchinson Dictionary of World Myth, Helicon, 1995.

Peters, John Punrrett. Nippur or Explorations and Adventures on the Euphrates, Volume 2, London: Elibron Classics, 2005.

Peter Ed, Sumerian Cuneiform English Dictionary, 2015

Pettinato, G. The Archives of Ebla. New York, 1981.

Pfeiffer, C. F. & Harrison, E. F. ed. The Wycliffe Bible Commentary, Chicago ; Moody Press, 1962.

Pfeiffer, C. F. Old Testament History. Grand Rapids : Baker Book House Co. 1987.

_____, The Biblical World : A Dictionary of Biblical Archaelolgy. Grand Rapids :Baker Book House Co. 1976.

Postgate, J. N. Early Mesopotamia. Society and economy at the dawn of history.   London. Routledge, 2009.

Prichard, J. B. The Ancient Near Eastern Texts (Relating to the Old Testment), 3rd ed., Princeton University Press, 1969, 5th printing, 1992.

Reade, Julian Mesopotamia, London: The British Museum Press, 2006.

Redman, Charles L. The Rise of Civilization. San Francisco : W. H. Freeman & Company, 1978.

Roaf, M. Cultural Atlas of Mesopotamia and the Ancient Near East. Facts on File. New York, 1990.

Roberts, J. J. M. The Earliest Semitic Pantheon. A Study of the Semitic Deities Attested in Mesopotamia before Ur III. The Johns Hopkins University Press, 1972.

Robinson, Andrew. The Story of Writing, London: Thames & Hudson, 2003.

Rohl, David M. From Eden to Exile, Lebanon: Greenleaf Press, 2009.

_____, Legend: The Genesis of Civilisation, London: Arrow, 1998.

Roux, George Ancient Iraq, London: Penguin Books, 3rd ed., 1992.

Sarah, Carr-Gomm Dictionary of Symbols in Art, Oxford: Helicon Publishing Ltd, 1996.

Sayce, A. H. Assyrian Grammer, Eugene: Wipf & Stock Publishers, 2002.

Schniedewind, William M., Hunt, Joel H. A Primer on Ugaritic: Language, Culture and Literature, Cambridge University Press, 2007.

Shaffer, A. "Gilgamesh, the Cedar Mountain and the Mesopotamian History.", Journal of the American Oriental Society. 103

(1983). pp. 307-314.

Shanks, Hershel. Scrolls, Scripts Setlae. Biblical Archaeology Review, Sep.-Oct. 2002.

Shephered, William R. The Historical Atlas, The Macedonian Empire, 336-323 B.C. 1923.

Sjorberg, A. and E. Bergmann. The Collection of the Sumerian Temple Hymns. TCS III. New York, 1969.

Sollberger, E. The Babylonian Legend of The Flood, London. The British Museum, 1971.

Sosson M., Kaymakci N., Stephenson R. A., Bergerat F.,Starostenko V., ed. Sedimentary Basin Tectonics from the Black Sea and Caucasus to the Arabian Platform, The Geological Society, London, 2010

Speiser, E. A. Genesis. The Anchor Bible. Garden City. New York, 1964.

Streep, Peg Santuaries of the Goddess, New York: A Bulfinch Press Book, 1994.

The American Schools of Oriental Research, Near Eastern Archaeology, Vol.68, No3, September 2005.

Thomas, D. W. Document from Old Testament. London :Thomas Nelson and Sons. 1962.

Thompson, J. H. The Bible and Archaeology. Grand Rapids: William B. Eerdmans Publishing Co. 1982.

Tsumura, D. T. The Earth and the Waters in Genesis 1 and 2. Sheffield Academic Press, 1989.

Unger, M. F. Archaeology and the Old Testament. Grand Rapids : Zondervan Publishing House. 1954

Vine, W. E. An Expository Dictionary of Biblical Words, New York: Thomas Nelson Publishers, 1985.

Vos, H. F. Beginnings in Bible Archaeology. Chicago : Moody Press. 1978

Waddell, L. A. A Sumer Aryan Dictionary, London: Luzac & Co. 1927.

Waddell, L. A. Indosumerian Seals Deciphered, Eelhi Varanasi: Indological Book House, 1972.

Waddell, L. A. The Aryan Origin of the Alphabet, London: Martino Publishing, 2010.

Walker, C.B.F. Cuneiform, University of California Press/ British Museum, 2004.

Walton, J. H. Ancient Israelite Literature in its Cultural Context. Michigan. Zondervan Publishing House, 1989.

Westbrook, R. Studies in Biblical and Cuneiform Law. Paris, 1988.

Whallon, Robert, AN ARCHAEOLOGICAL SURVEY OF THE KEBAN RESERVOIR AREA OF EAST-CENTRAL TURKEY, ANN ARBOR, 1979.

Whitcomb, John C. and Morris, Henry M. The Genesis Flood.

Grand Rapids : Baker Book House. 1991.

Wilhelm, Gernot. When a Mittani Princess Joined Pharaoh Harem. Odyssey, May-June 2001.

Wiseman, D. J. Archaeology and the Bible : An Introduction Study. Grand Rapids :The Zondervan Corporation. 1979.

Woods, Christopher.Visible Language, Chicago:Oriental Institute Museum Publications, 2010.

Wooley, C. L. The Royal Cemetery(Ur Excavation 2). London, 1934.

_____, The Sumerians, New York London:W.W. Norton & Company, 1965.

Yayina Hazirlayan ve Tamamlayan, Deleyenler, Izimler. Gotograflar ve Kitap Duzeni, KEBAN BARAJ GÖLÜ YÖREXİ HALKBİLİM ARAŞTIRMALARI, Orta Dogy Teknik Universitesi, Keban projesi Yayinlari, serl II No.3, Türk Tarih Kurumu Basimevi, Ankara Birinci Baski: Aralik 1980.

Yuri Shilov Ancient Histioy of Aratta-Ukraine 20,000 BCE -1000 CE, Trishula Translstions, 2015.

<번역 문헌>

Allis, O. T.「모세오경」김정우 역. 서울: 기독교문 서선교회, 1991.

Barnhouse, D.「성경의 권위와 내용」이종태 역. 서울: 생명의말씀사,

1987.

Bottero, J.「메소포타미아」최경란 역. 서울: 시공사, 1998.

Brackman, A. C.「니네베 발굴기」안경숙 역. 서울: 대원사, 1990.

Bruce, F. F.「구약사」유행열 역. 서울: 기독교문서 선교회, 1991.

Campbell, J. 「신화의 힘」이윤기 옮김. 서울: 이끌리오, 2002.

Ceram, C. W.「낭만적인 고고학 산책」안경숙 역. 서울: 대원사, 1996.

Ceram, C. W. 「몽상과 매혹의 고고학」강미경 랜덤하우스, 2008.

Ceram, C. W. 「발굴과 해독」오흥식 옮김 푸른역사, 2003.

Claude L. S.「신화와 의미」임옥희 역. 서울: 이끌리오, 2000.

Curtis, V. S.「페르시아 신화」임웅 역. 서울: 범우사, 2003.

Frazer J. G.「인류 민속학」이양구 역. 서울: 강천, 1996.

Frankfort, H. 외.「고대 인간의 지적 모험」이성기 역. 대원사, 1996.

Geisler, N. L.「성경무오:도전과 응전」권성수 역.서울:도서출판 엠마오,
  1994.

Golovin, S., Eliade, M., Campbell, J. 「세계 신화 이야기」이기숙, 김이
  섭 공역. 서울: 까치, 2001.

Gusdorf, G. 「신화와 형이상학」김점석 옮김. 파주: 문학동네,2003.

Harrison, R. K.「구약 성경 고고학」윤창렬역. 서울: 한국기독교교육연구
  원, 1984.

Herodotos.「역사」김봉철 옮김. 도서출판 길, 2016.

Kramer, S. N. 「 역사는 수메르에서 시작되었다 」 박성식 옮김. 서울:
  가람기획, 2005.

Kidner, D. 「 창세기 」, 한정건역, 서울:기독교문서 선교회, 1994.

Leupold, H. C.「창세기 (상)」최종태 역. 서울: 크리스챤 서적, 2000.

Livingstone, G. H.「모세오경의 문화적 배경」김의원 역. 서울:기독교 문서 선교회, 1991.

MCall, H.「메소포타미아 신화」임웅 역. 서울:범우사, 1998.

McKim, D. K.「칼빈의 성경관」한국칼빈주의연구원 편역 서울:기독교 문화협회, 1986.

Overy Richard (ed), THE TIMES COMPLETE HISTORY OF THE WORLD, Times Books 4th Edition, 2010, 「더 타임스 세계사」. 왕수민, 이기홍 옮김, 예경, 서울, 2016.

Packer, J. I.「근본주의와 성경의 권위」옥한흠 역. 개혁주의신행협회, 1992

Rachlin, H. 「유물을 통해 본 세계사」김라항 역. 서울: 세종서적, 1997.

Rohl, D. M. 「문명의 창세기」김석희 옮김. 서울: 해냄, 2000.

Ross, A. P.「창세기」강성렬 역. 서울:두란노, 2005.

Russell, H.「교회와 성경 무오성」김덕연 역. 서울:기독교 문서선교회, 1990.

Sandars, N. K. 「길가메시 서사시」이현주 옮김. 서울: 범우사, 1999.

Sheiffer, F.「창세기의 시공간성」서울:생명의 말씀사, 1986.

Toynbee, A. J. 「역사의 연구」홍사중 옮김. 서울: 동서문화사, 2010.

Wenham, G. J.「창세기(상)」박영호. 솔로몬, 2000.

Whitcomb, J. 「성경적 창조론」최지남 번역. 서울:생명의 말씀사, 1993.

Young, E. J.「창세기 1장 연구」이정남 옮김. 서울:성광문화사, 1982.

中澤新一.「신화, 인류 최고의 철학」김옥희 옮김. 서울: 다산글방, 2002.

마르크 반 드 미에룹. 「고대 근동역사」김구원 옮김. 서울: 기독교문서 선교회, 2010.

요시다 아츠히코.「세계의 신화전설」하선미 옮김. 파주:혜원출판사,2011
쯔데히로시.「왕릉의 고고학」고분문화연구회 옮김, 과천: 진인진, 2011.
헨리 M. 모리스.「창세기 연구(상)」정병은 옮김. 일산:전도출판사, 2003.
미르세아 엘리아드.「신화와 현실」이은봉 역. 서울: 성균관대학교 출판
 부, 1998.
캐서린 월트셔 외.「대영박물관 유물로 보는 세계사 연표」청아출판사,2007

<국내문헌>

「구약원어 신학사전」서울: 요단출판사, 1986.
「기독교백과사전」서울: 기독교문사, 1991.
국립경주박물관. 신라의 황금문화와 불교미술, 2015
_____, 일본의 고훈문화, 2015
국립중앙박물관, 국립경주박물관. 아프카니스탄의 황금문화, 2016
김남철.「성경을 증거하는 메소포타미아 신화와 유물이야기」, 서울:쿰란,
 2012.
김산해.「길가메쉬 서사시」서울:휴매니스트, 2005.
김 성.「김성교수의 성서고고학 이야기」엘맨, 2010.
김성일 외.「한 민족 기원 대탐사」창조사학회, 1999.
노세영, 박종수.「고대근동의 역사와 종교」서울:대한기독교서회, 2005.
서울대학교. 종교문제연구소.「신화와 역사」, 서울대학교 출판부, 2003.
세계아카데미.「세계의 창조신화」, 동방미디어, 2002.
양승영 편저, 지질학 사전, 교학연구사, 2판, 2010.

엄원식. 「히브리 성서와 고대근동문학의 비교연구」서울:한들출판사, 2000

원용국. 「성서 고고학 사전」 생명의 말씀사, 1984.

유재원. 터키, 1만 년의 시간여행 01, 책문, 2010.

_____. 터키, 1만 년의 시간여행 02, 책문, 2010.

임영주. 한국의 전통문양, 대원사

장국원. 「고대 근동 문자와 성경」 기독교 문서 선교회, 1996.

제자원. 「옥스퍼드 원어성경 대전 창세기 I」서울: 성서교재(주), 1998.

전북대학교 인문학연구소.「창조신화의 세계」 소명출판, 2002.

조철수. 「수메르 신화(神話)」 서울: 서해문집, 1996.

호림 박물관. 土器, 호림, 서울, 2012

성경과 고대문명 속에 새겨진
에 덴 의 발 견
(증보판)

© 2024 김남철

증보판 1쇄 발행 2024년 7월 31일 (인쇄: 아람 P&B)

초판 1쇄 발행 2017년 3월 22일 (인쇄: 신사고하이테크)

저 자   김남철

발행처   BARA

발행인   김현

스케치   안미자

주 소   김포시 김포한강11로 287, 202-2401

전 화   010-6358-9805

홈페이지   www.bara7.org

전자우편   menorah7@naver.com

출판등록   제 409-2020-000034호

등록일   2020년 8월 10일

ISBN 979-11-960564-3-8 03230